全国卫生职业院校实验实训教学规划教材

妇产科护理实训教程

主　编　熊立新
副主编　黄菊英
编　委　(以姓氏笔画为序)
　　　　苏文珍（江西省上饶市玉山县人民医院）
　　　　李林霞（江西省上饶市第五人民医院）
　　　　汪兰萍（江西省上饶市人民医院）
　　　　张莉娜（江西医学高等专科学校）
　　　　陈伟涛（江西省上饶市人民医院）
　　　　陈彦洁（浙江省杭州市红十字会医院）
　　　　林　慧（江西医学高等专科学校）
　　　　黄红芬（萍乡市卫生学校）
　　　　黄菊英（江西省上饶市人民医院）
　　　　熊立新（江西医学高等专科学校）

科 学 出 版 社
北　京

内 容 简 介

妇产科护理学是实用性和技能性很强的课程,实训在教学中占有重要的地位。本教材共设计 21 个实训,包括女性骨盆、胎产式胎先露胎方位、产前检查、胎儿电子监测技术、分娩机制、肛查和阴道检查、第一产程观察流程及绘制产程图等。帮助学生得到本专业基本技能的培训,提高技术应用能力和专业素质,适应岗位工作需要。

图书在版编目(CIP)数据

妇产科护理实训教程/熊立新主编. —北京:科学出版社,2015.1
全国卫生职业院校实验实训教学规划教材
ISBN 978-7-03-042674-1

Ⅰ. 妇… Ⅱ. 熊… Ⅲ. 妇产科学-护理学-高等职业教育-教材 Ⅳ. R473.71

中国版本图书馆 CIP 数据核字(2014)第 284560 号

责任编辑:许贵强/责任校对:鲁 素
责任印制:李 利/封面设计:范璧合

科学出版社 出版
北京东黄城根北街 16 号
邮政编码:100717
http://www.sciencep.com

安泰印刷厂 印刷
科学出版社发行 各地新华书店经销
*

2015 年 1 月第 一 版 开本:787×1092 1/16
2015 年 1 月第一次印刷 印张:9
字数:128 000
定价:21.80 元
(如有印装质量问题,我社负责调换)

前　　言

　　本教材是妇产科护理学实践教学相配套的指导书。由于妇产科护理学是实用性、技能性较强的一门课程，故实训在教学中占有重要的地位。强化实践教学是职业教育人才培养模式的基本特征之一，实训教学巩固和验证了所学理论知识，使学生得到本专业基本技能的培训，提高技术应用能力和专业素质。

　　教材的编写力求体现职业教育"贴近学生、贴近社会、贴近岗位"的基本原则，为达到上述目的，在编写过程中充分体现"职业性、操作性、实用性"的特点，实训以模拟操作为主，注重与患者的沟通，强化职业风险意识，培养学生的专业操作技能，适应岗位工作需要。

　　本实训教程在编写过程中，集中了许多临床一线工作的同仁的经验和成果，但本指导的内容及编排难免有不妥之处，热诚欢迎使用本指导的师生和同仁提出宝贵意见，以便及时纠正和改进。

编　者

2014 年 11 月

目　　录

实训一　　女性骨盆 …………………………………………………（1）
实训二　　胎产式胎先露胎方位 ……………………………………（6）
实训三　　产前检查 …………………………………………………（10）
实训四　　胎儿电子监测技术 ………………………………………（18）
实训五　　分娩机制 …………………………………………………（26）
实训六　　肛查和阴道检查 …………………………………………（30）
实训七　　第一产程观察流程及绘制产程图 ………………………（36）
实训八　　正常分娩接生术 …………………………………………（40）
实训九　　正常新生儿护理 …………………………………………（51）
实训十　　新生儿窒息复苏技术 ……………………………………（58）
实训十一　臀位分娩机制和臀位助产技术 …………………………（70）
实训十二　会阴切开缝合术 …………………………………………（78）
实训十三　胎头负压吸引术 …………………………………………（82）
实训十四　产钳术 ……………………………………………………（88）
实训十五　子宫按摩术 ………………………………………………（93）
实训十六　人工剥离胎盘术 …………………………………………（95）
实训十七　妇科检查 …………………………………………………（97）
实训十八　妇科常用护理技术 ………………………………………（102）
实训十九　宫内节育器的放置和取出术 ……………………………（114）
实训二十　人工流产负压吸引术 ……………………………………（121）
实训二十一　妇科常用诊疗技能 ……………………………………（127）

实训一 女性骨盆

女性骨盆既是支持躯干和保护盆腔脏器的重要器官，又是胎儿娩出时必经的骨性产道，其大小、形状直接影响分娩。熟悉女性骨盆的特点，有助于产科的学习。

【目的】

认识女性骨盆的结构，各平面的特点及其径线。

【内容】

学习女性骨盆的结构、三个假想平面的特点及其径线。

【评估】

评估学生对骨盆的认识程度。

【操作准备】

用物准备：骨盆模型。

【实施】

（一）教学实施流程

1. 教师讲解并演示。
2. 学生分组通过模型熟悉骨盆，特别是对三个平面的理解。
3. 抽样调查学生对骨盆的掌握程度，并及时评估。

（二）教学内容

1. 骨盆的组成、关节以及韧带　见图 1-1~3。

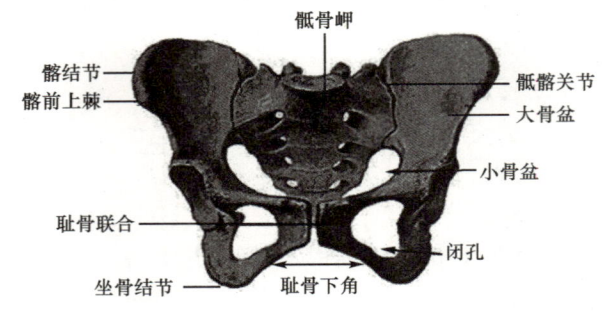

图1-1　女性骨盆的组成

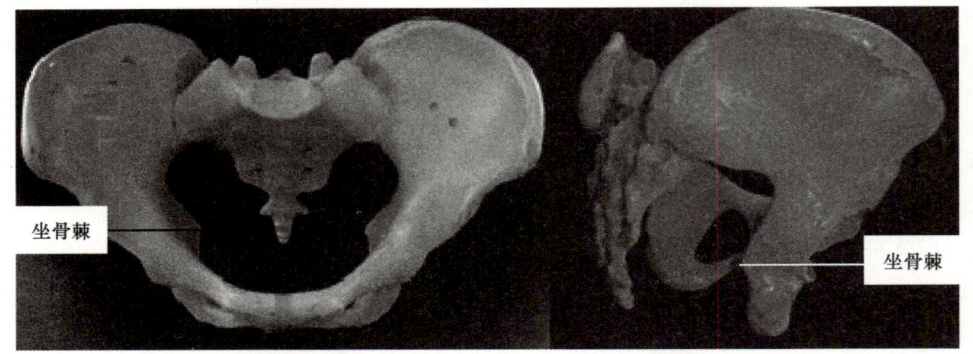

图1-2　女性骨盆

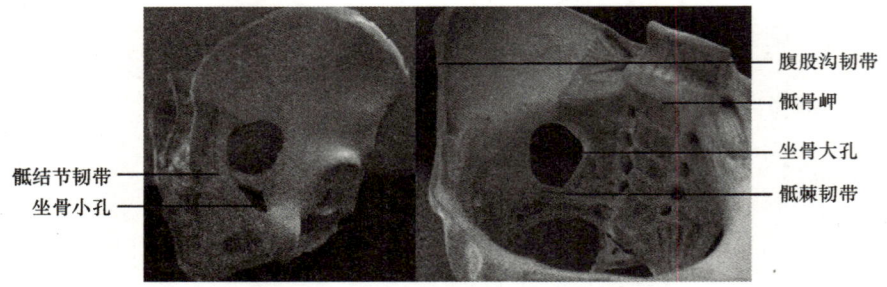

图1-3　骨盆的韧带

（1）骨盆的组成：骨盆由骶骨、尾骨和左右两块髋骨及其韧带连接而成。每块髋骨又是由髂骨、坐骨及耻骨组成的不规则骨骼。骶骨形似三角，前面凹陷称骶窝，三角形底的中部前缘突出，形成骶岬（相当于髂总动脉分叉水平），是产科骨盆内测量对角径的重要据点。

（2）骨盆的关节

1）耻骨联合：两耻骨间的纤维软骨连接。

2）骶髂关节：位于骶骨与髂骨间，有宽厚的骶髂骨韧带连接。

3）骶尾关节：活动性较大，分娩时可后移2cm，使骨盆出口前后径增大。

（3）骨盆的韧带：骨盆有两对重要的韧带，包括骶骨、尾骨与坐骨结节间的骶结节韧带和骶骨、尾骨与坐骨棘之间的骶棘韧带。骶棘韧带宽度即坐骨切迹宽度，是判断中骨盆后矢状径是否狭窄的重要指标。妊娠期受激素影响，韧带较松弛，各关节的活动度也有增加，有利于胎儿娩出。

2. 女性骨盆特点　骨盆全形短而宽阔，上口为圆形，较宽大，下口的各径（矢状径和横径）均较男性者大，加之尾骨的活动性较大，耻骨联合也较宽，坐骨结节外翻，从而使骨盆各径在分娩时可有一定程度的延长（图1-4）。

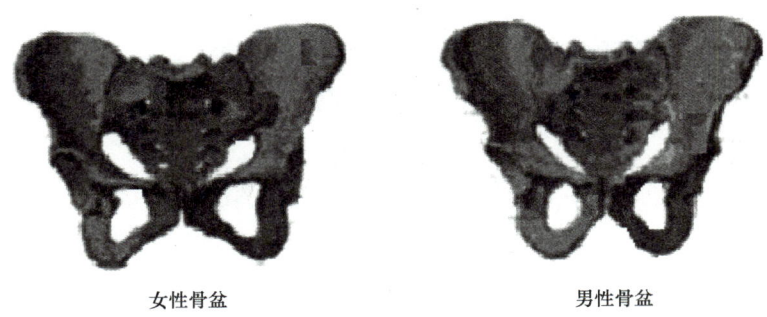

女性骨盆　　　　　男性骨盆

图1-4　男、女性骨盆区别

3. 骨盆的三个假想平面

（1）入口平面：又称盆腔的入口平面。为大小骨盆的交界面（即界限所在平面）呈横椭圆形，有四条径线（图1-5）。

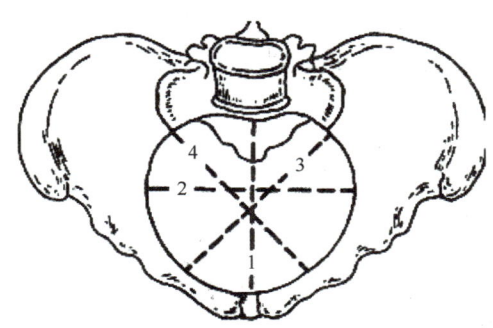

图1-5　骨盆入口平面的各条径线
1. 前后径11cm　2. 横径13cm　3. 左斜径12.5cm　4. 右斜径12.5cm

1）前后径：为耻骨联合上缘至骶岬前缘中点距离，又称骶耻内径，平均长约11cm。临床上以前后径最为重要，扁平骨盆的前后径较小，将影响胎儿头入盆（又称衔接）。

2）横径：是入口平面最大径线，为两髂耻线间的最宽距离，平均约13cm。

3）斜径：左右各一条，为一侧骶髂关节至对侧髂耻隆突间的距离，长约12.5cm。从左骶髂关节至右髂耻隆突者为左斜径，反之为右斜径。

（2）中骨盆平面：是坐骨棘所在平面，又称为骨盆的最小平面。由耻骨联合下缘、双侧的坐骨棘及骶骨下端共同构成，呈纵椭圆形。有两条径线（图1-6）。

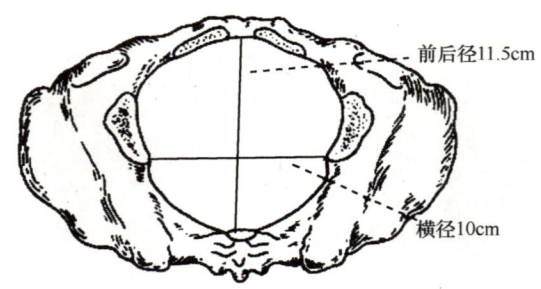

图1-6 中骨盆平面的各条径线

1）前后径：从耻骨联合下缘向坐骨棘间径作垂直线交于骶骨下端。长约11.5cm。

2）横径（坐骨棘间径）：两坐骨棘间径，长约10cm。

（3）骨盆出口平面：由两个以坐骨结节间径为其共同底边的三角平面组成。前三角的顶为耻骨联合下缘，两侧边为耻骨降支，后三角的顶为尾骨尖，两侧边为骶结节韧带。有四条径线（图1-7）。

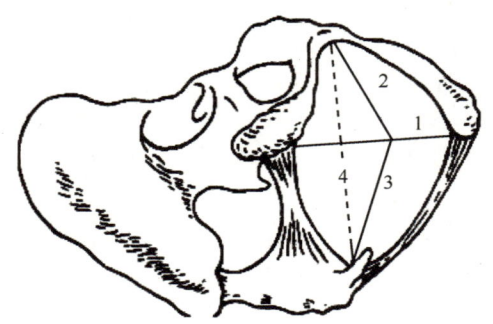

图1-7 出口骨盆平面的各条径线

1. 坐骨结节间径8.5~9cm 2. 前矢状径6cm 3. 后矢状径9cm 4. 前后径11~11.5cm

1) 坐骨结节间径：即出口横径，平均长 8.5~9cm。

2) 出口前后径：耻骨联合下缘至骶尾关节的距离为其前后径，平均长 11~11.5cm。

3) 前矢状径：两侧耻骨降支在耻骨联合下方形成一接近直角的耻骨弓。由耻骨联合下缘至坐骨结节间径的中点称为前矢状径，平均长 6cm。

4) 后矢状径：骶尾关节至坐骨结节间径的中点称后矢状径，平均长 9cm。临床上单纯出口平面狭窄者少见，多同时伴有中骨盆平面狭窄。

4. 骨盆轴（图 1-8）：系连接骨盆各假想平面中点的曲线为骨盆轴。此轴方向为：上段向下向后，中段向下，下段向下向前。分娩时，胎儿沿此轴娩出。故又称产轴。

5. 骨盆倾斜度（图 1-9）：人体直立时，骨盆向前倾斜，骨盆上口平面与水平面之间的夹角称为骨盆倾斜度。一般为 60°，若超过 60°，则倾斜度过大，常影响胎头衔接。

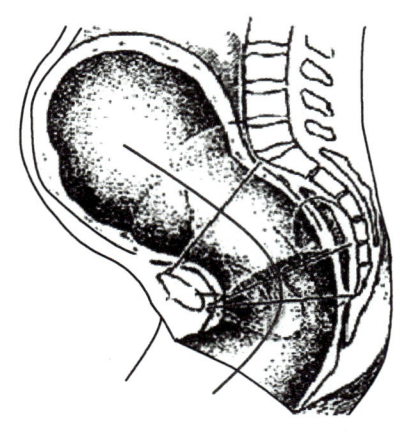

图 1-8　骨盆轴

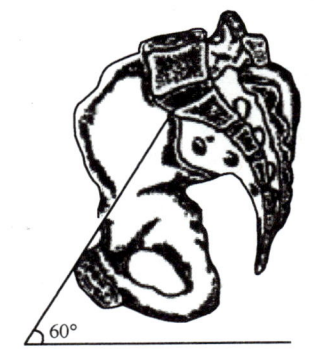

图 1-9　骨盆倾斜度

【评价】

学生加深了对女性骨盆的理解，明白了女性骨盆作为骨产道是如何影响分娩的。

实训二 胎产式 胎先露 胎方位

胎儿在子宫内的位置是否正常，对分娩的难易关系很大，甚至影响胎儿生命，临产前应明确诊断胎位，对异常胎位也应及时尽量纠正为正常胎位。

【目的】

用正确的方法判断胎方位。

【内容】

学习胎产式、胎先露、胎方位。

【评估】

评估学生对胎产式、胎先露、胎方位的理解。

【操作准备】

用物准备：胎儿模型、骨盆模型。

【实施】

1. 教师讲解并演示胎产式、胎先露、胎方位。

（1）胎产式：儿体长轴与母体的长轴间的关系称胎产式。两轴平行者为纵产式，头在下者为头位，最常见；臀在下者为臀位，较少见；母儿两长轴垂直者为横产式，两长轴交叉成锐角者称斜产式，胎儿横卧或斜卧于骨盆入口以上者较少见（多属暂时性）（图2-1）。

（2）胎先露：分娩时，胎儿最先进入骨盆入口的部分叫"先露部"。头位的先露部可因胎头俯屈良好、俯曲不良及仰伸等不同情况，分为顶先露、额先露及面先露等（图2-2），其中以顶先露最常见，额及面先露少见。臀位的先露部为臀，因胎儿下肢屈曲程度的不同可分为盘腿臀先露、伸腿臀先露以及足或膝先露等（图2-3）。横位的先露部为肩，又称肩先露（图2-4）。先露时既有头又有手，称复合先露（图2-5）。

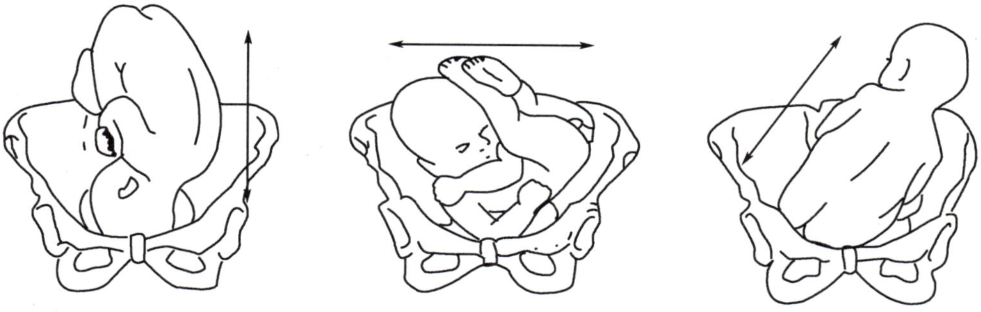

实训二 胎产式 胎先露 胎方位　7

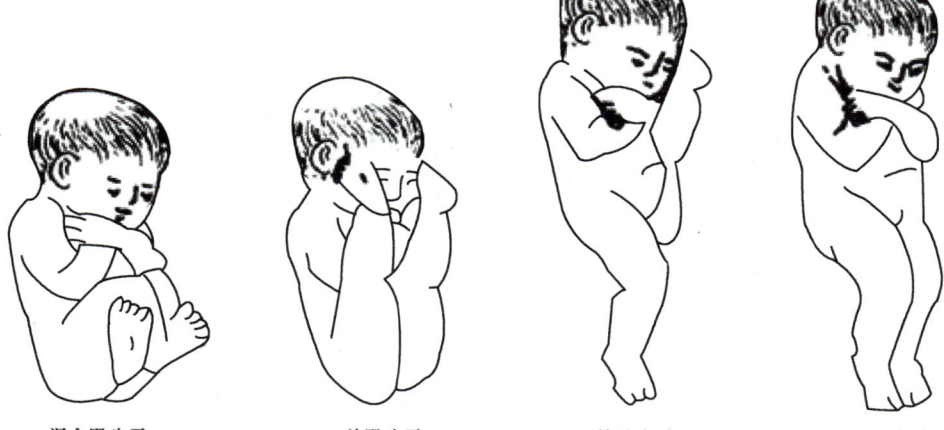

| 纵产式头先露 | 横产式头先露 | 斜产式 |

图 2-1　胎产式

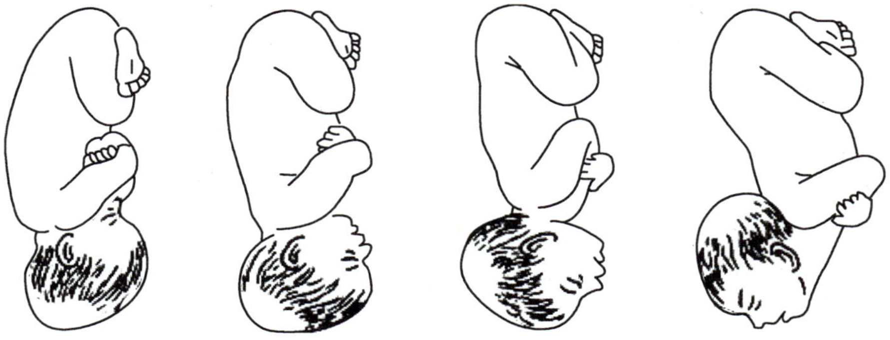

| 枕先露 | 顶先露 | 额先露 | 面先露 |

图 2-2　头先露的种类

| 混合臀先露 | 单臀先露 | 单足先露 | 双足先露 |

图 2-3　臀先露的种类

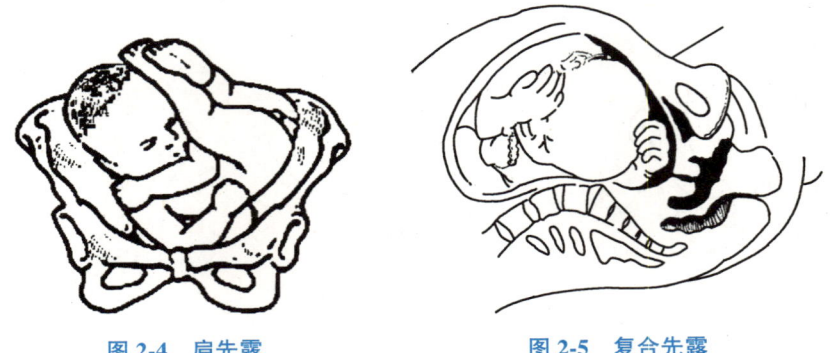

图 2-4 肩先露　　　　　　图 2-5 复合先露

（3）胎方位：胎儿先露部的指示点与母体骨盆的关系称胎方位，简称胎位。人为地将母体骨盆腔分为左前、右前、左后、右后、左横及右横六个部分。顶先露以枕骨为指示点，额及面先露以前囟及颏、臀先露以骶骨、肩先露则以肩胛骨为指示点。每种胎先露有六种胎方位，横位则为四种。以顶先露为例，当枕骨位于母体骨盆腔的左前方时，称为"枕左前"。位于右前方时，为"枕右前"，这两种方位最为常见。其他较少见的为枕左后、枕右后、枕左横及枕右横。横位有肩左前、肩右前、肩左后及肩右后四种方位（图 2-6、图 2-7 及表 2-1）。

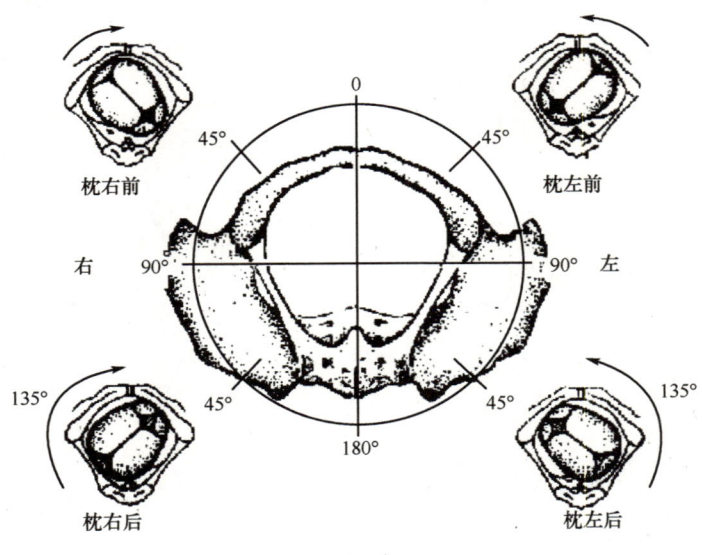

图 2-6　枕先露的胎方位示意图

实训二 胎产式 胎先露 胎方位 9

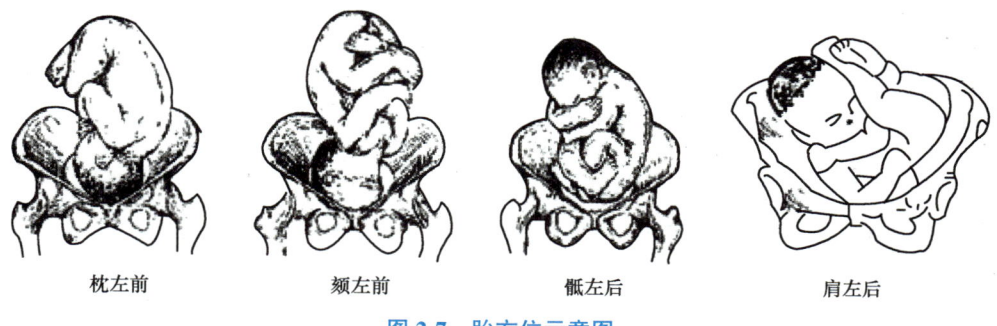

枕左前　　　　颏左前　　　　骶左后　　　　肩左后

图 2-7　胎方位示意图

表 2-1　胎产式、胎先露及胎方位的种类及关系

胎产式	胎先露				
纵产式	头先露	枕先露	枕左前（LOA） 枕右前（ROA）	枕左横（LOT） 枕右横（ROT）	枕左后（LOP） 枕右后（ROP）
		面先露	颏左前（LMA） 颏右前（RMA）	颏左横（LMT） 颏右横（RMT）	颏左后（LMP） 颏右后（RMP）
	臀先露		骶左前（LSA） 骶右前（RSA）	骶左横（LST） 骶右横（RST）	骶左后（LSP） 骶右后（RSP）
横产式	肩先露		肩左前（LS$_C$A） 肩右前（RS$_C$A）		肩左后（LS$_C$P） 肩右后（RS$_C$P）

2. 学生分组模仿练习。教师检查学生练习的正确，帮助学生理解胎方位的概念，并要求能用模型摆出任意一个胎方位。

3. 抽样调查学生对胎方位理解和掌握程度，并及时评估。

【评价】

学生加深了对胎方位的理解。

实训三 产前检查

产前检查是指为妊娠期妇女提供一系列的医疗和护理建议和措施,目的是通过对于孕妇和胎儿的监护及早预防和发现并发症,减少其不良影响,在此期间提供正确的检查手段和医学建议是降低孕产妇死亡率和围产儿死亡率的关键。产前检查的时间从确诊早孕开始,详细检查内容见产前检查项目时间表(表3-1)。

表3-1 产前检查项目时间表

检查次数(时间)	检查内容
第一次检查(13周之前)	领取孕期保健手册,了解病史(年龄、职业、推算预产期、月经史、孕产史、手术史、本次妊娠过程、家族史、丈夫健康情况等),并做尿HCG、妇科检查、血常规、尿常规、心电图、B超、血红蛋白电泳试验(地贫筛查)
第二次检查(16~18周)	测量体重、血压、宫高、腹围,检查四肢浮肿情况、听胎心、血常规、尿常规等常规检查项目,还需在这期间做唐氏筛查
第三次检查(20~24周)	做常规产科检查、四维彩超检查排除胎儿畸形
第四次检查(24~28周)	做常规产科检查、尿常规、血糖筛查
第五次检查(28~30周)	做常规产科检查、尿常规、ABO抗体检测
第六次检查(30~32周)	做常规产科检查、血常规、尿常规、B超(检查胎儿发育情况并进一步排畸)
第七次检查(32~34周)	做常规产科检查、尿常规
第八次检查(34~36周)	做常规产科检查、胎儿监护(从怀孕的34周开始进行胎儿监护)、尿常规
第九次检查(37周)	做常规产科检查、尿常规、B超、血常规、肝肾功能、胎儿监护
第十次检查(38周)	做常规产科检查、胎儿监护、尿常规
第十一次检查(39周)	做常规产科检查、尿常规、B超(检查胎儿的大小、胎位和羊水情况,为分娩做好相关准备)、胎儿监护
第十二次检查(40周)	做常规产科检查、胎儿监护、尿常规

一、腹部检查

【目的】

1. 掌握腹部四步触诊和胎心听诊的方法。

2. 评估子宫大小、胎产式、胎先露、胎方位及先露是否衔接等。

3. 培养学生关心、体贴孕妇和工作认真负责的态度。

【内容】

腹部四步触诊和胎心听诊。

【评估】

1. 身体评估　询问本次妊娠情况，推算预产期和本次检查时胎龄。观察孕妇发育、营养、精神状态、身高及步态。

2. 评估孕妇是否对本次检查的目的、步骤等知情，并取得其合作。

3. 评估孕妇及家属的心理状态及合作态度。

【操作准备】

1. 护士准备　着装整洁，戴口罩、帽子，洗手。

2. 用物准备　孕妇人体模型、检查床、胎心听诊器、记录本、笔等。

3. 环境准备　关好门窗，调节室温。

4. 孕妇准备　向孕妇解释腹部检查的目的、方法、注意事项及配合要点。嘱孕妇排尿后，取仰卧于检查床上，双腿略屈曲分开，放松腹肌。检查者站在孕妇右侧。

【实施】

1. 视诊　注意腹形及大小，腹部有无妊娠纹、瘢痕和水肿。对腹部过大者，应考虑双胎、羊水过多、巨大儿的可能；对腹部过小、子宫底过低者，应考虑胎儿生长受限、孕周推算错误等；如孕妇腹部向前突出（尖腹，多见于初产妇）或向下悬垂（悬垂腹，多见于经产妇），应考虑有骨盆狭窄的可能。

2. 触诊　注意腹壁肌肉的紧张度，有无腹直肌分离，注意羊水量的多少及子宫肌的敏感度。用手测宫底高度，用软尺测耻骨上方至子宫底的弧形长度及腹围值。常用四步触诊法检查子宫大小、胎产式、胎先露、胎方位以及胎头是否衔接。做前3步手法时，检查者面向孕妇，做第四步手法时，检查者应面向孕妇足端。

（1）第一步手法：检查者双手置于子宫底部，了解宫底高度及判断宫底部的胎儿部分，估计胎儿大小与妊娠月份是否相符。然后以双手指腹相对轻推,判断子宫底部的胎儿部分,如为胎头,则硬而圆且有浮球感,如为胎臀,则软而宽且形状略不规则(图 3-1A)。

(2)第二步手法:检查者两手分别置于腹部左右两侧,一手固定,另一手轻轻深按检查,两手交替,分辨胎背与胎肢在母体位置。平坦饱满者为胎背,确定胎背是向前、侧方或向后;可变形的高低不平部分是胎儿的肢体,有时可以感觉到胎儿肢体活动(图 3-1B)。

(3)第三步手法:检查者右手置于耻骨联合上方,拇指与其余 4 指分开,握住胎先露部,进一步断定先露是头还是臀,是否衔接。如先露部分仍高浮,表示尚未入骨盆;如已衔接,则胎先露部不能被推动(图 3-1C)。

(4)第四步手法:检查者两手分别置于胎先露部的两侧,向骨盆入口方向向下深压,再次判断先露部的诊断是否正确,并确定先露入盆的程度。当胎先露是胎头或胎臀难以确定时,可进行肛诊以协助判断(图 3-1D)。

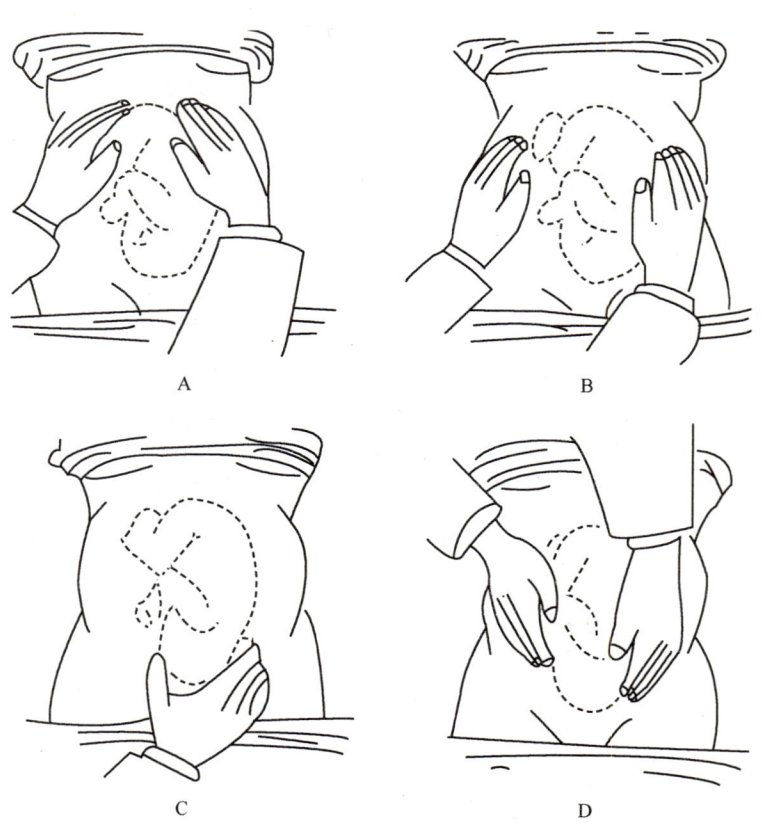

图 3-1 四步触诊法

3. 听诊 胎心音在靠近胎背侧上方的孕妇腹壁上听得最清楚。枕先露时，胎心在脐下左、右侧；臀先露时，胎心在脐上左右侧；肩先露时，胎心在靠近脐部下方听得最清楚。当腹壁紧、子宫较敏感、确定胎背方向有困难时，可借助胎心音及胎先露综合分析判断胎位（图3-2）。

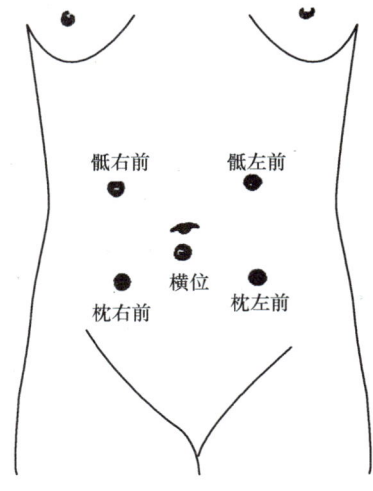

图3-2 胎心听诊位置

【评价】

1. 母婴健康、舒适，无并发症发生。
2. 孕妇能定时进行产前检查。

【健康教育】

1. 营养指导 妊娠期间孕妇必须增加营养的摄入以满足自身及胎儿的双方需要，指导孕妇饮食符合均衡、自然的原则，采用正确的烹饪方法，避免破坏营养素。选择易消化、无刺激性的食物，避免烟、酒、浓咖啡、浓茶及辛辣食品。
2. 指导孕妇孕期的自我监护和胎教。
3. 指导孕妇按时进行孕期检查，满足优生优育的目的。

【注意事项】

1. 双手温暖，动作要轻柔。
2. 注意保暖和遮挡孕妇。
3. 检查时注意观察孕妇反应，及时与孕妇沟通。

二、骨盆外测量

骨盆大小及其形状对分娩有直接影响，是决定胎儿能否经阴道分娩的重要因素，故骨盆测量是产前检查时必不可少的项目。骨盆外测量一般于孕妇首次产前检查时进行。髂棘间径、髂嵴间径间接显示骨盆入口平面横径的宽度；骶耻外径间接显示骨盆入口平面前后径的长度，是骨盆外测量中最重要的径线；坐骨结节间径值是骨盆出口平面横径的宽度；耻骨弓角度反映骨盆出口平面横径的宽度。当外测量有狭窄时，可安排孕妇在妊娠24~36周时做进一步的骨盆内测量。

【目的】

1. 掌握骨盆外测量的方法及各径线的正常值。
2. 初步评估孕妇骨盆大小及形状，判断胎儿能否经阴道分娩。
3. 培养学生关心、体贴孕妇和认真负责的态度。

【内容】

学习用骨盆外测量器测量骨盆的髂棘间径、髂嵴间径、骶耻外径、坐骨结节间径和耻骨弓角度。

【评估】

1. 评估孕妇生命体征。
2. 评估孕妇的身心状态及合作程度。

【操作准备】

1. 护士准备　着装整洁，戴口罩、帽子，洗手。
2. 用物准备　孕妇人体模型、骨盆模型、检查床、骨盆外测量器、记录纸、笔。
3. 环境准备　关好门窗，调节室温。

【实施】

检查者向孕妇解释骨盆外测量的目的、方法、注意事项及配合要点。嘱其按要求摆好体位。

1. 髂棘间径　两侧髂前上棘外侧缘间的距离（图3-3）。
（1）体位：协助孕妇取伸腿仰卧位。
（2）测量：触清两侧髂前上棘，测量两侧髂前上棘外侧缘间的距离。
（3）查看数据，正常值为23~26cm。
2. 髂嵴间径　两侧髂嵴外侧缘间的距离（图3-4）。
（1）体位：协助孕妇取伸腿仰卧位。

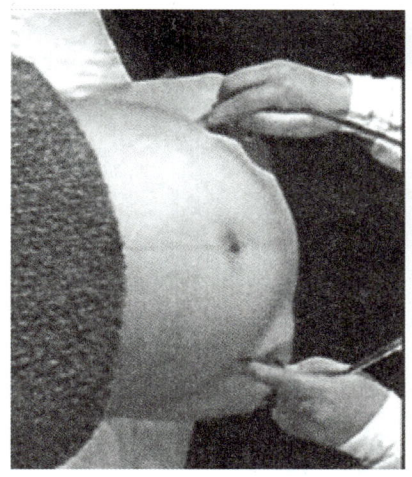 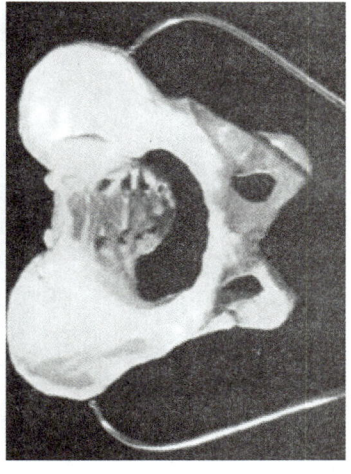

图 3-3 测量髂前上棘间径

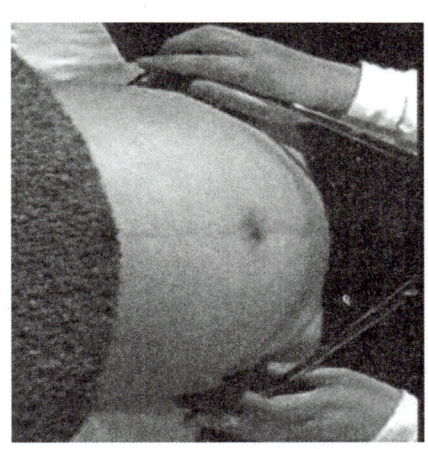 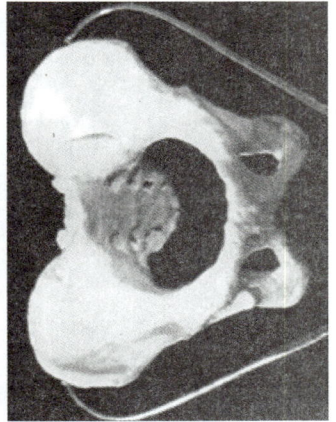

图 3-4 测量髂嵴间径

（2）测量：测量两髂嵴外缘间最宽的距离。

（3）查看数据，正常值为 25~28cm。

3. 骶耻外径 耻骨联合上缘中点至第 5 腰椎棘突下的距离，第 5 腰椎棘突下相当于腰骶部米式菱形窝上角或髂嵴后连线中点下 1.5cm 处（图 3-5）。

（1）体位：协助孕妇取左侧卧位，背向检查者，右腿伸直，左腿屈曲。

（2）测量：第五腰椎棘突下凹陷处至耻骨联合上缘中点的距离。

（3）查看数据，正常值为 18~20cm。

4. 坐骨结节间径 两侧坐骨结节内侧缘间的距离（图 3-6）。

16　妇产科护理实训教程

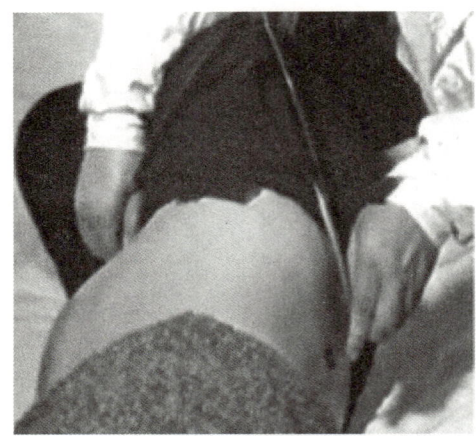
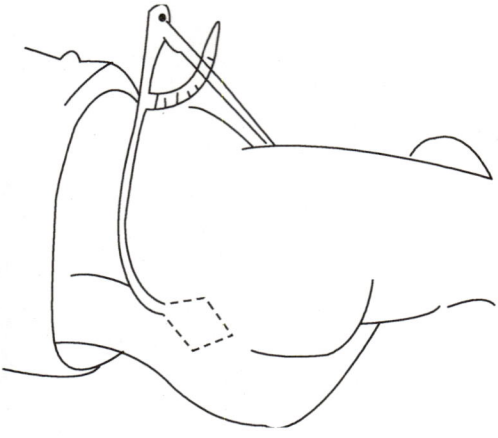

图 3-5　测量骶耻外径

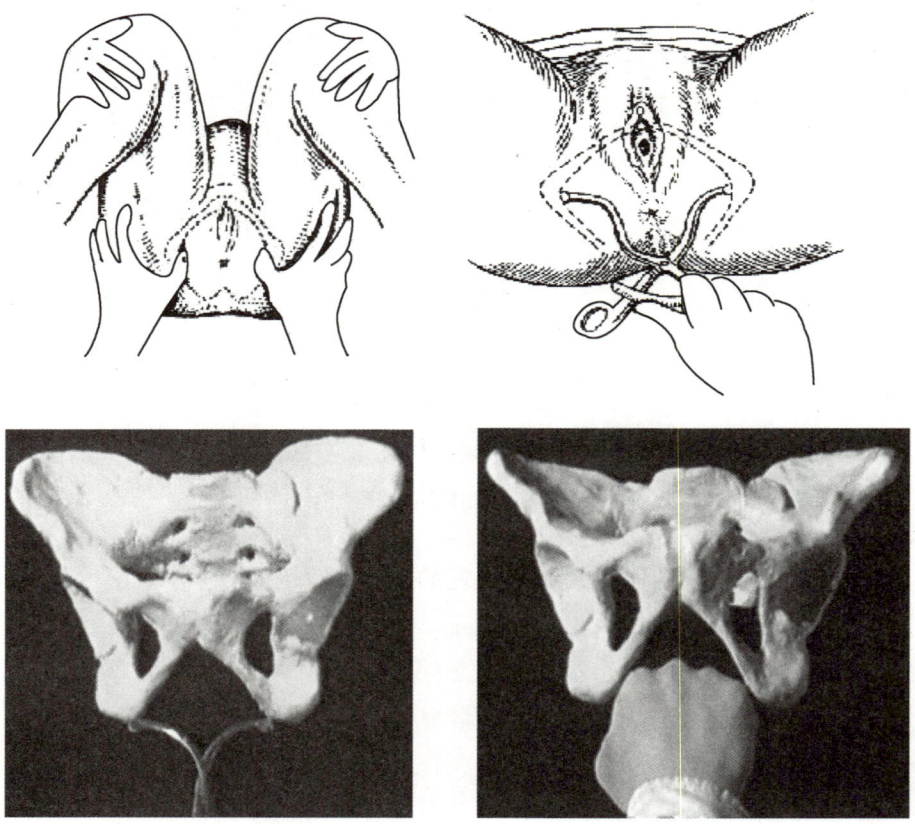

图 3-6　测量坐骨结节间径

（1）体位：协助孕妇呈仰卧位，两腿弯曲，双手抱双膝。

（2）测量：触到坐骨结节，测量两侧坐骨结节内侧缘间的距离。

（3）查看数据，正常值为 8.5~9.5cm，平均值为 9cm。若无坐骨结节测量器，可用检查者拳头置于两坐骨结节间，可容一拳时，估计此径线大于 8.5cm，属正常。

5. 耻骨弓角度 两耻骨降支间形成的角度（图 3-7）。

（1）体位：协助孕妇呈仰卧位，两腿弯曲，双手抱双膝。

（2）测量：用两手拇指尖斜着对拢，放置在被测量者耻骨联合下缘，左右两拇指平放在两耻骨降支上面，测量两拇指间的角度。

（3）查看两拇指间的角度，正常为 90°，小于 80°为异常。

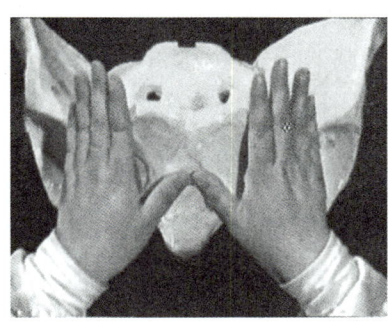

图 3-7 测量耻骨弓角度

【评价】

1. 母婴健康、舒适，无并发症发生。
2. 孕期不需要常规进行骨盆外测量。

【健康教育】

1. 活动与休息 一般孕妇可坚持工作到 28 周，28 周后适当减轻工作量，避免长时间站立或重体力劳动。
2. 清洁与舒适 孕期养成良好的卫生习惯；孕期宜穿宽松、柔软、舒适、冷暖适宜的衣服等。

【注意事项】

1. 动作要轻柔。
2. 注意保暖和遮挡孕妇。
3. 测量数据要准确。

实训四　胎儿电子监测技术

胎儿电子监护仪已在临床上广泛应用。其特点是可以连续观察并记录胎心率的动态变化，同时可以记录胎动和宫缩，根据连续记录胎心率及子宫收缩图形，结合临床情况，评估胎儿宫内安危情况。监护可从妊娠 34 周开始，高危孕妇可提前监护。

【目的】

初步学会胎儿电子监测技术。

【内容】

1. 利用多媒体教学学习胎儿电子监测技术。
（1）介绍胎儿电子监护仪及其使用方法。
（2）介绍胎儿电子监护图型及其意义。
（3）介绍 NST、OCT 判断标准。
2. 利用临床上各种胎儿电子监测图进行读图，学会观察胎儿电子监测图。
3. 学会 NST、OCT/CST 判断并明确其临床意义。

【评估】

评估学生对胎儿电子监测技术的理解。

【操作准备】

用物准备：多媒体课件（病区录制胎儿电子监护仪及其使用方法）、标准胎儿电子监护图样，临床收集到的各种胎儿电子监护描记图数份，评判标准，NST 评分标准表，CST 评分标准表。

【实施】

（一）胎儿电子监护仪

观看多媒体教学片，认识胎儿电子监护仪及学会使用监护仪。

1. 胎心监护的方法　见图 4-1~3。

（1）监护室要安静，孕妇取侧卧位或坐位或半卧位。

（2）监护开始前在记录纸上记入日期、时间、住院号、姓名、床号、孕周及诊断。

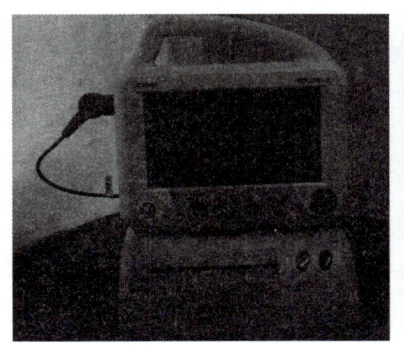
图 4-1　胎儿电子监护仪

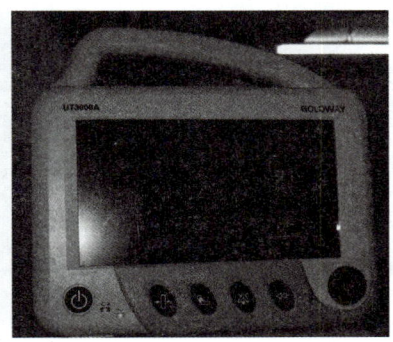
图 4-2　胎儿监护的方法

（3）查清胎方位，确定胎心位置。

（4）打开监护仪电源，用涂有耦合剂的多普勒探头确认胎心位置，用具有弹性的腹带固定。

（5）将宫缩探头固定在易于记录胎动的胎儿臀部。

（6）让孕妇拿着记录胎动的手动按钮，并教会在感到胎动时应立即用手指按一下。

（7）调定走纸速度为 3cm/min，以便观察 LTV。

（8）连续记录 20′为一单位，如 20′内无胎动，再延长 20′监护，以等待睡眠中的胎儿醒来（胎儿觉醒期和睡眠期为 20′~40′反复交替）。

（9）检查仪器使用正确与否。如胎心率的笔是否经过校正，压力是否调零；探头是否脱落及腹带松紧如何？

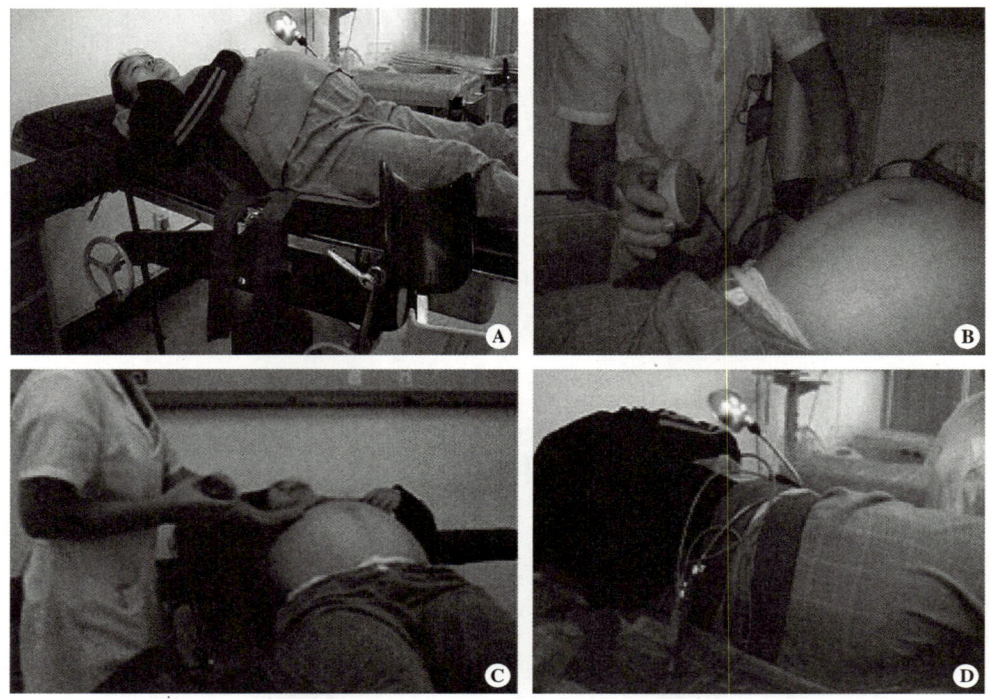

图 4-3 胎儿电子监护仪

（二）教师教学精讲

1. 胎心率的监测 胎儿监护仪记录的胎心率有两种变化，即胎心率基线及一过性胎心率变化。

（1）胎心率基线：指在无胎动、无宫缩或宫缩间歇期记录的 FHR。正常胎心率基线在 110~160 次/分，当胎动时有加速反应，是胎儿健康状况良好的表现。如果基线变平，提示胎儿活力减低（图 4-4）。

（2）一过性胎心率：指与子宫收缩有关的胎心率变化，有两种。加速型：指子宫收缩后胎心率基线暂时增加 15~20 次/分，持续时间>15 秒。这是胎儿良好的表现。一般认为与胎体局部或脐静脉暂时受压有关。减速型：指当子宫收缩时胎心率减慢，可分三种类型。

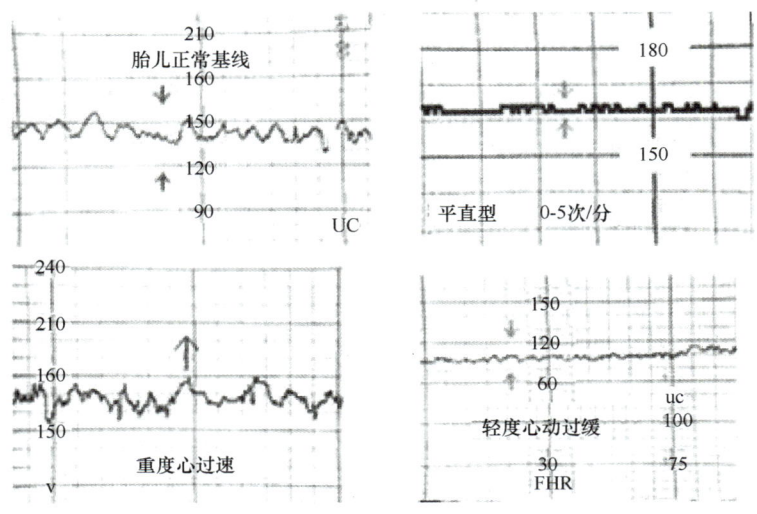

图 4-4　胎心率与基线摆动

1) 早期减速型（ED）：其特点是宫缩开始，胎心率变慢，宫缩停止，胎心率恢复正常（图 4-5），胎心率一般不低于 100 次/分。

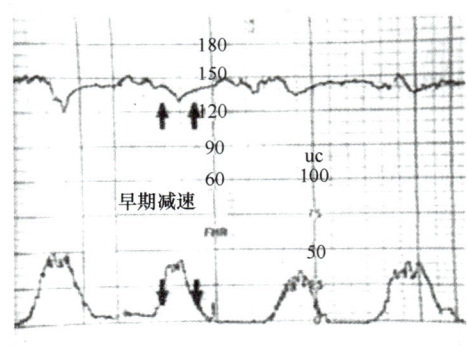

图 4-5　早期减速

2) 晚期减速型（LD）：其特点为宫缩高峰时，胎心率开始减慢，宫缩消失后，胎心率并不立即恢复，而是一般后延 30～60 秒才恢复（图 4-6）。晚期减速一般认为是胎儿缺氧的表现，提示对胎儿安危应予以高度重视。

3) 变异减速型（VD）：可发生在产程中任何阶段，和宫缩无固定关系；减速发生突然，恢复迅速，图形常呈"V"字形或是呈"W"字形（图 4-7）；

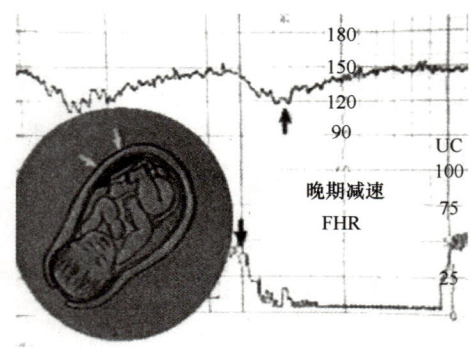

图 4-6 晚期减速

较强的连续胎动,也可引起明显的变异减速图形;典型的轻度变异减速一般与胎儿预后关系不大,但重度变异减速或不典型变异减速大多提示缺氧;改变体位多可使减速消失,但吸氧多不能改变图形。

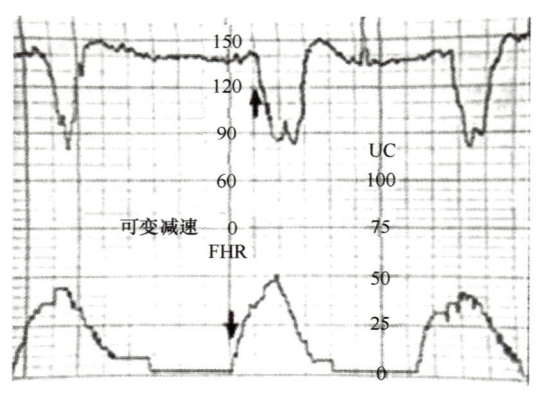

图 4-7 变异性减速

2. 无应激试验（NST） 本试验是在无宫缩情况下观察胎心基线率,以及胎动、胎心的关系,了解胎儿的储备能力。方法是:让孕妇取半卧位,将多普勒探头涂以耦合剂,孕妇自己觉有胎动时,手按机钮在描记胎心率纸上做出标记,至少连续做 20 分钟。一般认为至少有 3 次以上的胎动伴有胎心率加速>15bpm（每分钟胎心搏动数）,持续时间>15 秒,为正常。若<10bpm 或无胎心率加速为异常,此法可作为缩宫素激惹试验前的筛选试验,试验结果有反应型 NST、可疑型 NST 和无反应型 NST（表 4-1）。

表 4-1　NST 评分表

项目	0 分	1 分	2 分
心率曲线	<100	100~109，>160	110~160
摆动振幅	<5	5~9，>30	10~30
加速时间	<10	10~14	≥15
加速幅度	<10	10~14	≥15
胎动次数	0	1~2	>3

（1）反应型：提示胎儿中枢神经系统发育良好，99%以上的胎儿在一周内是较安全的；但高危妊娠也存在假反应型。建议：①重复 NST 次数，每天 1~2 次。②联合 BPS、B 超及脐动脉血流检测。③必要时 CST 检测胎儿宫内储备功能。

（2）无反应型：提示胎儿有窒息。无反应型 NST 约有 20%的胎儿预后差。但需排除孕妇使用镇静剂及胎儿睡眠情况。建议：①重复 NST 次数或延长监护时间至 120 分钟。②应用各种方法刺激胎儿。③如 2 次 NST 无反应可行 OCT 或 CST 检测。④联合 BPS、B 超及脐动脉血流检测。

评分 8~10 分为反应型，说明一周内胎儿死亡率很低。<6 分为无反应型，可出现假阳性，应继续监测 20 分钟，如评分仍低需警惕。各型临床意义及进一步处理见表 4-2。

表 4-2　NST 的评估及处理（SOGC 指南，2007）

参数	反应型 NST	可疑型 NST	无反应型 NST
基线	110~160 次/分	100~110 次/分或>160 次/分（30 分钟内）基线上升	胎心过缓<100 次/分 胎心过速>160 次/分 基线不确定
变异	6~25 次/分（中等变异）	≤5 次/分（无变异及最小变异）	≤5 次/分 ≥25 次/分（持续 10 分钟以上）正弦型
减速	无减速或者偶发变异减速持续短于 30 秒	变异减速持续 30~60 秒	变异减速时间超过 60 秒 晚期减速
加速（足月胎儿）	20 分钟内≥2 次加速超过 15 次/分，持续 15 秒	20 分钟内<2 次加速超过 15 次/分，持续 15 秒	20 分钟内<1 次加速超过 15 次/分，持续 15 秒
处理	观察或者进一步评估	需要进一步评估（复查 NST）	全面评估胎儿状况 生物物理评分 及时终止妊娠

3. 缩宫素激惹试验（OCT） 又称宫缩应激试验（CST），其原理为用诱发宫缩并用胎儿监护仪记录胎心率的变化。有两种方法可以诱导宫缩产生：静脉滴注缩宫素和牵拉乳头法。CST 评分见表 4-3。CST/OCT 的评估及处理（美国妇产科医师学会，2009 年）见表 4-4。

表 4-3 CST 评分表

CST 评分	0	1	2
基线率（次/分）	<100，>180	100~109，161~180	110~160
摆幅（bpm）	<5	5~9，>30	10~30
频率（次）	<2	2~6	>6
增速	无	周期性	散在性
减速	重度 VD、LVD	轻度 VD	无

表 4-4 CST/OCT 的评估及处理

Ⅰ类 满足下列条件：
　　胎心率基线 110~160 次/分；基线变异为中度变异；没有晚期减速及变异减速；存在或者缺乏早期减速、加速
　　处理 提示观察时胎儿酸碱平衡正常，可以常规监护，不需采取特殊措施

Ⅱ类 除了第Ⅰ类和第Ⅲ类胎心监护的其他情况均划为第Ⅱ类
　　处理 尚不能说明存在胎儿酸碱平衡紊乱，但是应该综合考虑临床情况、持续胎儿监护、采取其他评估方法来判定胎和有无缺氧，可能需要宫内复苏来改善胎儿状况

Ⅲ类 有两种情况：
　　胎心率基线无变异且存在下面之一：复发性晚期减速、复发性变异减速；胎心过缓（胎心率基线<110 次/分）正弦波型
　　处理 提示在观察时胎儿存在配套平衡失调即胎儿缺氧，应立即采取相应措施纠正胎儿缺氧，包括改变孕妇体位、给孕妇吸氧、停止缩宫素使用、抑制宫缩、纠正孕妇低血压等措施，如果这些措施均不奏效，应立即终止妊娠

（三）学生分析读图

学生分组讨论阅读监护图，教师指导，反馈评价。

1. 教师指导阅读胎儿电子监护讲解图（图 4-8）。阅读要领：①首先大体观察具有一定波动的胎心率曲线是否正常 110~160bpm；②其次观察有无伴随胎动出现的心率加速；20 分钟内伴随胎动加速有几次；③受宫缩影响的心率

减速；④进而再分析各种减速及胎心率基线细变异的类型如长变异（LTV）振幅多少，周期（CPM）几个；⑤最后下结论：NST 有反应或无反应；OCT 或 CST 阳性或阴性。

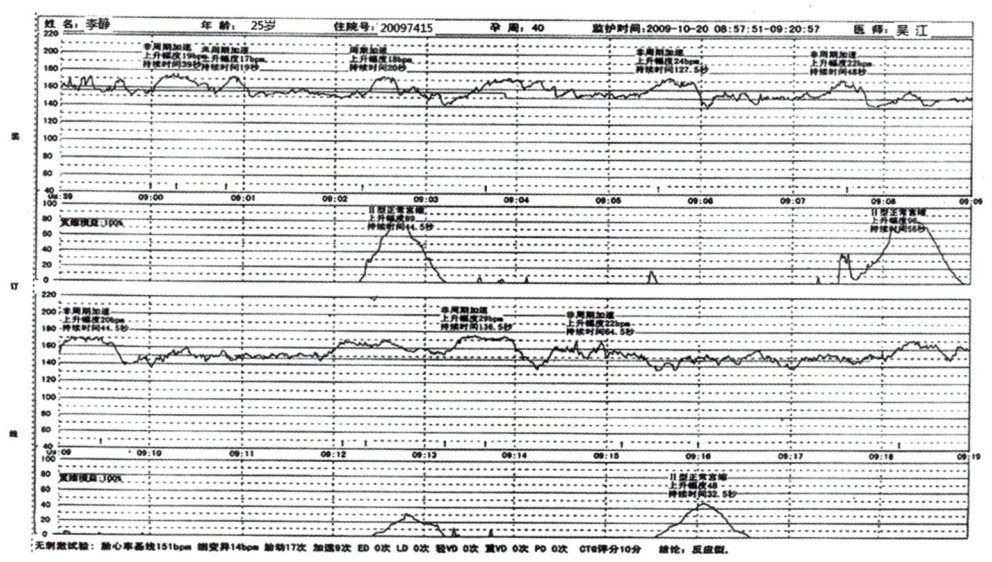

图 4-8 胎儿电子监护讲解图

2. 学生分组进行临床实践性阅读胎儿电子监护图（授课老师在临床上随机收集），对每份胎儿电子监护图进行评价，得出每位孕/产妇的 NST/CST 评分，评价胎儿在宫内是否安全，教师巡视指导。

3. 抽样调查学生对胎儿电子监护技术的掌握程度，并及时评估。

【评价】

学生初步学会胎儿电子监护技术。

实训五 分娩机制

分娩机制是指胎儿先露部在产力作用下通过产道时,为适应骨盆各平面的不同形态而被动地进行一系列适应性转动,以其最小径线通过产道的全过程。临床上以枕左前位最常见。故学生需对枕左前位的分娩机制加以理解。

【目的】

了解枕前位的分娩机制及分娩步骤。

【内容】

利用模型能演示分娩机制的过程(枕左前位分娩机制)。

【评估】

评估学生对分娩机制原理的理解。

【操作准备】

用物准备:胎儿模型、骨盆模型。

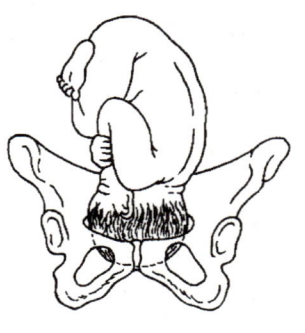

图 5-1 胎头衔接

【实施】

1. 教师讲解并演示枕前位的分娩步骤。

(1)衔接:胎头双顶径进入骨盆入口平面,胎头颅骨的最低点接近或达到坐骨棘水平,称衔接(图 5-1)。

(2)下降:胎头沿骨盆轴前进的动作称下降。下降始终间歇性地贯穿于分娩的全过程。

（3）俯屈：当胎头继续下降至骨盆底时遇肛提肌阻力，借杠杆作用，使原处于半俯屈状态的胎头枕部进一步俯屈，胎头由原来衔接时的枕额径（11.3cm）变为枕下前囟径（9.5cm），以此径线适应产道继续下降（图5-2）。

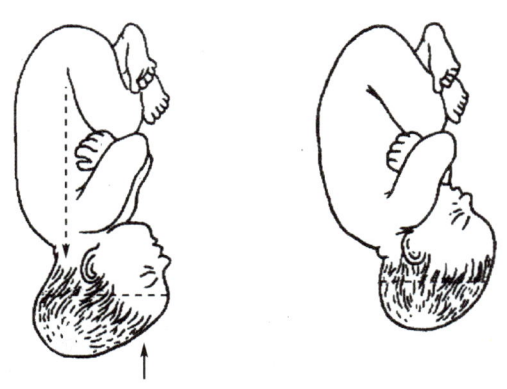

图5-2 胎头俯屈

（4）内旋转：胎头到达中骨盆平面及出口平面时，为适应中骨盆平面的特点而发生内旋转，枕左前位的胎头枕部向母体前方旋转45°，使胎头矢状缝与中骨盆及骨盆出口前后径相一致，后囟转至耻骨弓下方，有利于胎头下降（图5-3）。

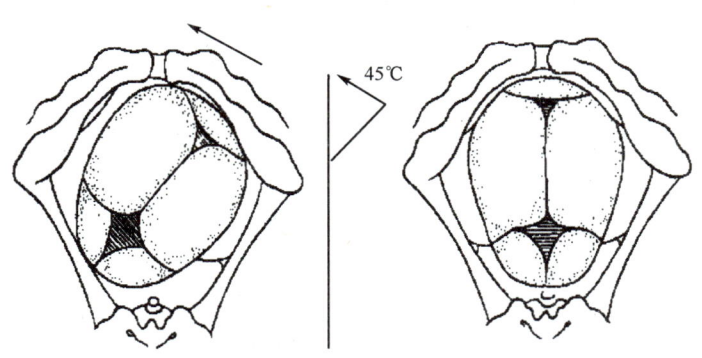

图5-3 胎头内旋转

（5）仰伸：完成内旋转后，胎头在宫缩和腹压作用下继续下降，到达阴道外口时，肛提肌的收缩又将胎头向前推进，在两者的共同作用下，胎头枕骨下部达到耻骨联合下缘时，以耻骨弓为支点，逐渐仰伸，胎头的顶、额、鼻、口、颏相继娩出（图5-4）。胎头仰伸时，胎肩已进入骨盆，并落在骨盆入口的左斜径上。

（6）复位及外旋转：胎头娩出时，胎儿双肩径沿骨盆入口左斜径下降。胎头娩出后，胎头枕部向原方向回转45°，使胎头与胎肩恢复正常关系，称复位。胎肩在盆腔内继续下降，前（右）肩向前向中线旋转45°时，胎儿双肩径转成与出口前后径相一致的方向，胎肩内旋转带动胎头枕部在外继续向同一方向旋转45°，以保持胎头矢状缝与胎儿双肩径的垂直关系，称外旋转（图5-5）。

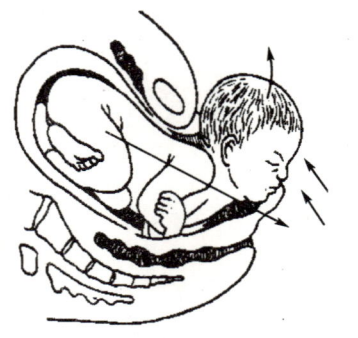
图5-4 胎头仰伸

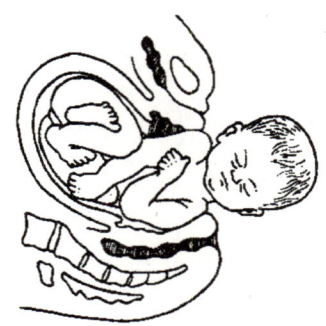
图5-5 胎头外旋转

（7）胎儿娩出：胎头完成外旋转后，胎儿前肩在耻骨弓下先娩出，胎体侧弯，随即后肩从会阴前缘娩出，最后胎体及胎儿下肢随之顺利娩出（图5-6）。

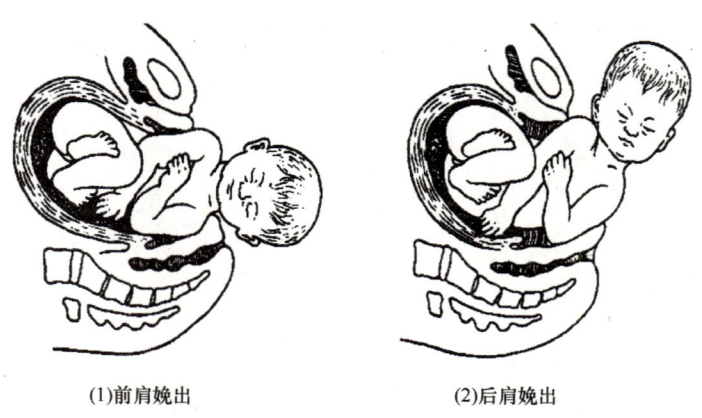
(1)前肩娩出　　　　(2)后肩娩出
图5-6 胎肩娩出

2. 学生分组模仿练习。教师检查学生练习的正确，帮助学生理解胎头如何被动转动，通过骨盆的三个平面（即为什么要这样转）。

3. 抽样调查学生对分娩机制理解的掌握程度，并及时评估。

【评价】

学生加深了对枕前位的分娩机制的理解。

实训六 肛查和阴道检查

一、肛 查

【目的】

掌握肛查的方法,能判断胎方位及产程进展程度。

【内容】

利用模型进行肛查。

肛查内容:胎先露、胎方位及先露下降程度;宫颈软硬、厚薄、宫口位置及扩张程度;有无前羊水囊及胎膜是否破裂;骨盆腔的形状及大小。

临床上以坐骨棘水平(S)为判断胎先露下降的标志。胎头颅骨最低点平坐骨棘水平时,用"0"表示。在坐骨棘连线以上1cm时用"-1"表示,在坐骨棘连线以下1cm时用"+1"表示,以此类推。为准确判断胎头下降程度,应定时行肛查,以明确胎头颅骨最低点的位置(图6-1)。

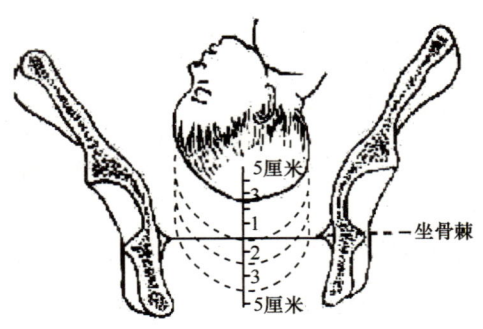

图6-1 胎头下降示意图

【评估】

1. 评估产妇,了解孕周、临床表现、宫缩及胎心率情况。

2. 评估产妇的身心状态及合作程度。

【操作准备】

1. 护士准备　着装整洁，戴口罩、帽子，洗手。语言温和、态度和蔼。
2. 用物准备　产妇产程进展模型、手套、润滑剂、一次性会阴垫、检查床、记录笔、产程记录单。
3. 环境准备　拉上窗帘或用屏风遮挡，注意保暖。
4. 检查前准备
（1）核对产妇、孕周及临产情况；嘱检查前排空膀胱。
（2）站立于孕妇右侧，向产妇解释肛查/阴道检查的目的、方法、注意事项及配合要点。

【实施】

1. 协助产妇平卧位，脱去一只裤腿，臀下垫一次性会阴垫，双腿屈曲分开，暴露外阴及肛门，查前用消毒纸遮盖阴道口，避免大便污染阴道。
2. 右手戴手套，示指蘸石蜡油或肥皂水后，轻轻放在产妇的肛周按摩片刻，嘱产妇放松肛门后，轻轻将示指伸入直肠内进行检查。检查时先向后触及尾骨尖端，了解尾骨活动度；再向两侧触及坐骨棘是否突出，检查胎先露的位置及胎方位；用指端掌侧向上触摸宫颈，了解宫颈软硬、厚薄、宫口位置及扩张程度，有无前羊水囊及胎膜是否破裂（图6-2、图6-3）。未破膜者可在儿头前方触到有弹性的水囊。破膜后可能触及胎头，可触到颅缝及囟门的位置。若为臀位，可触到较宽而软的胎臀或腿、足。若在胎先露前方或旁边查有条索状物，且有血管搏动，应考虑脐带先露或脱垂，要及时处理。
3. 脱去手套，协助产妇整理衣裤、坐起、下床，向产妇说明检查结果及注意事项。
4. 整理床单及用物，清洗双手。
5. 填写产程记录单。

【评价】

产妇能配合进行肛查；检查过程无不适，检查结果明确。

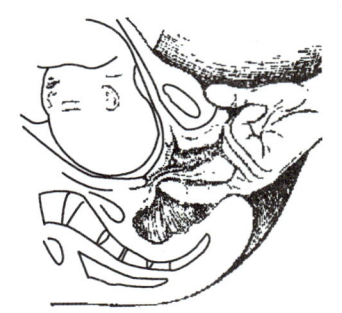

图6-2　肛查宫口扩张情况

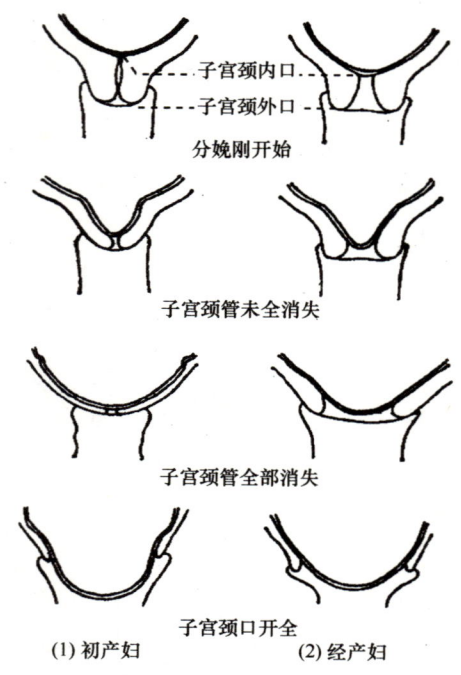

图 6-3　宫颈管消失与宫口扩张步骤示意图

【健康教育】

1. 做好检查前工作，产妇知情同意，能较好地配合检查。
2. 告知检查时如有不适及时报告医师。
3. 告知检查结果，及时了解产程进展情况。

【注意事项】

1. 告知产妇合理地进行肛查，检查过多易发生感染及水肿。临产后一般 4 小时查一次，经产妇或宫缩频时，间隔应缩短，但不宜太多。整个产程肛查次数不能超过 10 次。
2. 保持外阴清洁。
3. 初产妇宫口开全、经产妇宫口开 3~4cm 时，送入产房待产。

二、阴 道 检 查

阴道检查可直接触清宫口周边,准确了解宫颈管是否消退、宫口扩张程度、胎膜是否破、胎先露部及位置。临床上遇到宫口扩张及胎头下降程度不明,或轻度头盆不称经试产后,产程进展缓慢等,阴道检查较重要。但应注意,必须在严密消毒下进行阴道检查。

【目的】

掌握阴道检查的方法,能判断胎方位及产程进展程度。

【内容】

利用模型进行阴道检查。

【评估】

1. 评估产妇,了解孕周、临床表现、宫缩及胎心率情况。
2. 评估产妇的身心状态及合作程度。

【操作准备】

1. 护士准备　着装整洁,戴口罩、帽子,洗手。语言温和,态度和蔼。
2. 用物准备　产妇产程进展模型、一次性消毒手套、0.5%碘伏液棉球、一次性会阴垫、检查床、记录笔、产程记录单。
3. 环境准备　拉上窗帘或用屏风遮挡,注意保暖。
4. 检查前准备

(1) 核对产妇、孕周及临产情况;嘱检查前排空膀胱。

(2) 站立于孕妇右侧,向产妇解释阴道检查的目的、方法、注意事项及配合要点。

【实施】

1. 协助产妇平卧位,脱去一只裤腿,臀下垫一次性会阴垫,双腿屈曲分开,暴露外阴及肛门。

2. 右手戴手套，取碘伏棉球消毒外阴后，嘱产妇放松后，轻轻将右手食指及中指伸入阴道内进行检查。检查时先向后触及尾骨尖端，了解尾骨活动度；再向两侧触及坐骨棘是否突出，检查胎先露的位置及胎方位；用指端掌侧向上触摸宫颈，了解宫颈软硬、厚薄、宫口位置及扩张程度，有无前羊水囊及胎膜是否破裂（图6-4）。

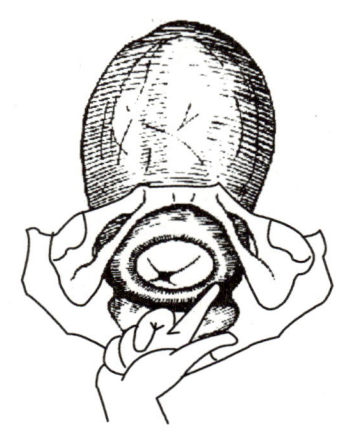

图6-4　阴道检查示意图

3. 脱去手套，协助产妇整理衣裤、坐起、下床，向产妇说明检查结果及注意事项。

4. 整理床单及用物，清洗双手。

5. 填写产程记录单。

【评价】

1. 产妇能配合进行检查；检查过程无不适。
2. 检查医护人员对宫颈开大情况、胎先露位置等各项结果准确。

【健康教育】

1. 做好检查前工作，产妇知情同意，能较好地配合检查。
2. 告知检查时如有不适及时报告医师。
3. 告知检查结果，及时了解产程进展情况。

【注意事项】

1. 注意无菌操作。
2. 初产妇宫口开全、经产妇宫口开 3~4cm 时，送入产房待产。

附：产程记录单

某 医 院
产 程 记 录

姓名_____ 床号_____ 住院号_____

日期	时间	血压 mmHg	体温℃ / 脉搏 次/分	胎先露	胎心音 位置	胎心音 次/分	胎心音 规律	宫缩 持续	宫缩 间歇	宫缩 强度	颈管长度 cm	肛诊或内诊 宫口大小	肛诊或内诊 先露高低	肛诊或内诊 胎膜	羊水 量	羊水 性质	检查者

实训七　第一产程观察流程及绘制产程图

【目的】

学会第一产程的观察；掌握产程图的绘制方法。

【内容】

1. 第一产程的观察内容及方法。
2. 学会绘制产程图。

【评估】

1. 评估产妇妊娠周数、生命体征、骨盆大小、胎儿大小、胎心音、是否临产，如已临产，需了解产程发动的时间。
2. 评估产妇入院时是否完善各项相关检查。
3. 评估产妇是否存在高危因素。
4. 评估产妇及其家属的身心状态及合作程度。

【操作准备】

1. 护士准备　着装整洁，戴口罩、帽子，洗手。微笑服务，语言温和、态度和蔼，站立于产妇右侧。
2. 用物准备　产妇产程进展模型、胎心监护仪、消毒弯盘，0.5%碘伏棉球缸、无菌镊、泡镊筒、橡胶垫单1块、一次性会阴垫1块、一次性消毒手套1副、产程记录单等。
3. 环境准备　整洁安静，拉上窗帘或用屏风遮挡，减少操作时暴露，注意保暖。
4. 产妇准备　了解目的，愿意合作，有安全感；取平卧位，双腿屈曲分开，暴露外阴。

【实施】

1. 核对产妇，自我介绍，评估产妇。
2. 腹部检查　了解宫高、腹围、胎位、胎先露及其衔接情况，是否跨耻征阳性，感受宫缩持续时间及间歇期（至少 2~3 阵宫缩），听胎心音（可用胎听筒或胎心监护仪，潜伏期 1~2 小时听一次，活跃期 15~30 分钟听一次）。
3. 行肛诊或阴道检查　一般临产后 4 小时检查一次，经产妇或宫缩频者，应间隔时间缩短。检查内容及方法见实训六。
4. 及时填写产程记录，并签名。
5. 当初产妇宫口开全、经产妇宫口开 3~4cm 送入产房。
6. 根据产程记录，绘制产程图。

【评价】

1. 产妇及其家属对服务满意。
2. 操作流程规范、合理。待产过程顺利。

【健康教育】

1. 做好产前卫生宣教，以产妇为中心，做好陪伴分娩工作。
2. 告知产妇分娩过程中如有不适，应及时告诉医护人员。

【注意事项】

1. 熟悉第一产程的观察内容、方法及流程，操作规范。
2. 服务态度好，积极做好产前卫生宣教。
3. 发现难产因素，及时报告医师，沟通到位，避免医患纠纷。

【学生操作评价】

1. 熟悉第一产程的观察内容、方法及流程。
2. 及时、正确填写产程记录。
3. 产程图绘制正确。

附：产程记录单、产程监护记录单

某 医 院
产程记录单

姓名_____　年龄_____　床号_____　住院号_____

住院初诊记录

日期	时间	血压	体温	脉搏	胎心	胎儿大小	宫缩	胎位	先露部	固定	胎膜	检查	宫口	检查者

产程经过

日期	时间	血压	胎心	宫缩时间（秒/分）	肛	阴	宫颈	宫口	胎膜	先露	附注或处置	检查者

笔 记 栏

某 医 院
产 程 监 护 记 录 单

入室时间	年 月 日		床号:	年龄:	门诊号:
					住院号:
发动时间	年 月 日		姓名:		围产号:

主要病情 主要处理		

血压		10														
○ 胎 红 头 ↑ 下 宫 降 口 cm 开 ↓ 张 × (cm) 蓝		9	−4													
		8	−3													
		7	−2													
		6	−1													
		5	0													
		4	+1													
		3	+2													
		2	+3													
		1	+4													
		0	+5													
分娩(小时)			2	4	6	8	10	12	14	16	18	20	22	24	26	28	30
观察记录时间																	
胎心	次/分																
宫缩	持续																
	间歇																
	强度																
签名																	

特殊情况 记 录		诊断、 并发症	

实训八　正常分娩接生术

【目的】

1. 熟练掌握接生准备，包括接生包的准备、外阴冲洗、外阴消毒。
2. 掌握接产技术步骤，初步学会正常接产技术操作。
3. 对产妇具有体贴、关爱，工作认真负责。

【内容】

1. 分娩前的准备。
2. 外阴冲洗与消毒。
3. 协助助产士指导产妇屏气及保护会阴。
4. 第二、三产程的处理。
5. 产后2小时的观察及用物分类预处理。

【评估】

1. 评估产妇妊娠周数、生命体征、骨盆大小、胎儿大小、胎心音、宫缩、羊水量及性状、是否宫口开全、宫口开全的准确时间。
2. 评估产妇入院时是否完善各项相关检查。
3. 评估产妇是否存在高危因素（合并症及异常产科情况）。
4. 评估产妇及其家属的身心状态及合作程度。

【操作准备】

1. 护士准备　着装整洁，戴口罩、帽子，洗手。微笑服务，语言温和，态度和蔼，核对产妇；站立于产妇右侧。
2. 用物准备　产妇分娩模型、胎心筒（胎儿电子监护仪）、一次性产包（包括无菌毛巾、手套、接生衣、中单、脚套、洞巾、数块消毒单），小产包（包括弯盘1只、脐剪1把、血管钳2把、小药杯1只、数块无菌敷料）、羊水吸引器（图8-1）1台、吸引连接管1根、护脐带1个（内有2根棉签、气门芯2个)、会阴侧切剪1把、0.5%碘伏棉球缸1只、2%肥皂水棉球缸1只、无菌敷料缸1只、无菌镊1把、泡镊筒1只、储槽1只(有弯盘2只、无菌镊2把)、橡胶垫单1块、一次性会阴垫1块、消毒手套2副、产程记录单、分娩记录单、新生儿记录单等。

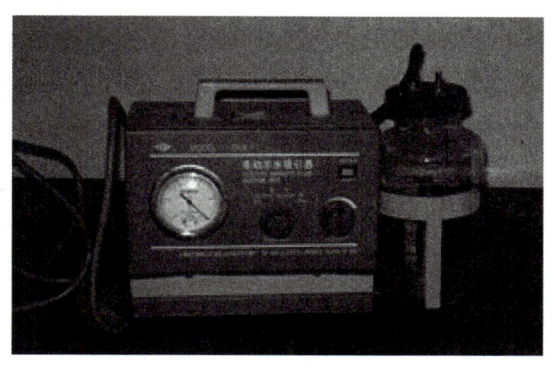

图8-1　羊水吸引器

3. 环境准备　整洁安静，拉上窗帘或用屏风遮挡，减少操作时暴露，注意保暖。

4. 产妇准备　了解目的，愿意合作，有安全感；取平卧位，双腿屈曲分开，暴露外阴。

【实施】

1. 自我介绍，评估产妇，行内诊检查。与产妇进行沟通，如产妇宫口已开全，应给予产妇分娩的信心，并指导产妇正确使用腹压；对会阴发育不良或过紧的初产妇，在分娩时估计会阴裂伤者，应行会阴切开术，向产妇说明切开的目的以取得其配合。

2. 护士陪伴在产妇旁边，严密观察宫缩强度及频率、听胎心(可用胎儿电子监护仪持续监测)，为产妇擦汗、喂水，安慰产妇，遵医嘱建立静脉通道，备好缩宫素、抗生素等药品，并将接产用物准备妥当。

3. 初产妇宫颈口开全及经产妇宫颈口开至4cm时，进行冲洗、消毒外阴(图8-2)。方法是：两腿屈曲分开暴露外阴，在臀下放便盆或吸水纸垫，用肥皂水棉球按顺序充分擦洗阴阜、外阴、两腿内侧及肛门周围，顺序是由外向内、由上向下。然后用温水冲净，冲洗时用消毒纱布盖住阴道口，防止冲洗液流入

笔记栏

阴道，取出便盆或吸水纸垫，再用消毒纱布擦干，更换吸水纸垫。最后用0.5%碘伏棉球进行消毒，顺序是由内向外、由上向下（图8-2、图8-3）。

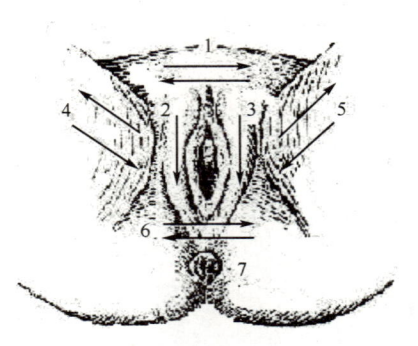 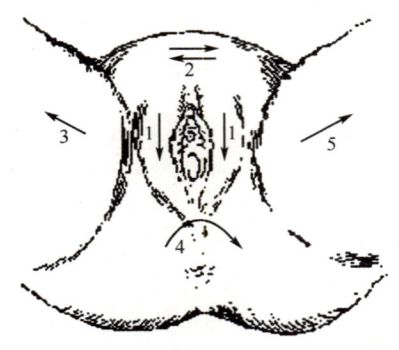

图8-2　外阴冲洗程序　　　　图8-3　外阴消毒程序

4. 护士先将一次性产包打开（注意无菌操作），接生人员按无菌操作常规刷手消毒后戴无菌手套，穿手术衣，铺消毒巾单，嘱护士将小产包、护脐带、吸引连接管、无菌敷料数块递给接产者。接产者站在产妇右侧，接产者将用物摆放在适宜的位置，准备接生。

5. 保护会阴　当胎头娩出前如胎膜未破，则可行人工破膜。当胎头拔露使后联合饱满紧张时，应开始保护会阴。方法是：在会阴部垫上消毒巾一块，接产者右肘支在产床上，右手大拇指与其余四指分开，利用手掌大鱼际肌顶住会阴部，每当宫缩时应向上内方托压，同时左手应轻轻下压胎头枕部，协助胎头俯屈及缓慢下降，使胎头以枕下前囟径通过骨盆出口（图8-4A）。宫缩间歇时手应放松，以免压迫过久，引起会阴水肿。当胎儿枕骨降至耻骨弓下露出时，协助胎头仰伸（图8-4B）。此时如宫缩过强，张口哈气消除腹压作用，宫缩间歇时让产妇加腹压，使胎头缓慢娩出，可减少会阴撕伤的机会。胎头娩出后，保护会阴的右手不得离开会阴，仍继续注意保护会阴。不必急于娩出胎肩，应先以左手掌自鼻根向下颏挤压，挤出口鼻内的黏液及羊水，以免第一次呼吸时吸入气管内。然后协助胎头外旋转，使胎儿双肩径与骨盆下口前后径一致，轻轻下压胎儿颈颊部，使前肩从耻骨联合下娩出（图8-4C），再托胎颈向上使后肩从会阴前缘缓慢娩出（图8-4D）。待双肩径娩出，保护会阴的右手方可离开，双手协助胎体及下肢娩出。记录胎儿娩出时间。胎儿娩出后1~2分钟内断扎脐带，在距脐根10~15cm处，用两把血管钳钳夹，在两钳之间剪断脐带，然后再进行其他处理。

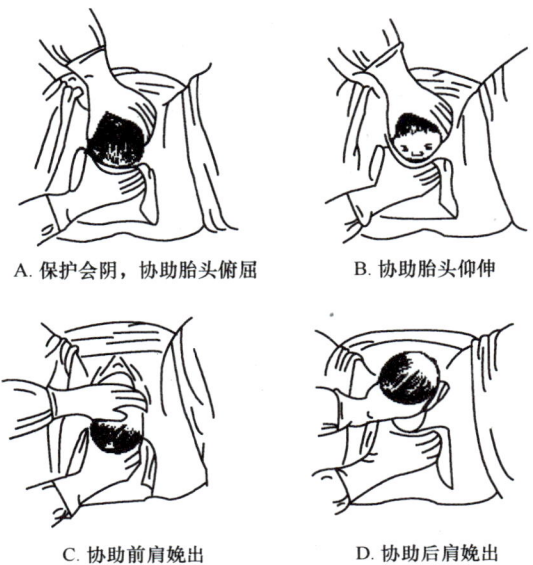

图 8-4　接生示意图

6. 遵医嘱给药　若产妇有产后出血高危因素，如有产后出血史、分娩次数≥5 次、多胎妊娠、羊水过多、巨大儿或宫缩乏力等，可在胎肩娩出后，立即给予静脉滴注缩宫素 10~20U，加强宫缩，促使胎盘迅速剥离减少出血。遵医嘱给予抗生素。

7. 新生儿处理

（1）清理呼吸道：胎儿娩出后，立即吸除口鼻部黏液及羊水，保持呼吸道通畅。当呼吸道黏液确已吸净而新生儿仍无哭声时，可用手拍打新生儿足底，使其啼哭。

（2）新生儿阿普加评分：它以出生 1 分钟内的心率、呼吸、肌张力、喉反射及皮肤颜色 5 项体征为依据，每项 0~2 分，满分为 10 分（表 8-1）。在出生后 5 分钟、10 分钟应再次评分。

（3）脐带的处理：将新生儿用 0.5% 碘伏消毒脐带根部周围，在距脐根 2cm 处用血管钳夹住，剪去多余部分脐带，把气门芯套上，松开血管钳，检查无出血，用无菌纱布包好，再用护脐带包扎。抱起新生儿，给产妇看过后交台下另一护士。

表 8-1　新生儿 Apgar 评分法

体征	出生后 1 分钟内应得分数		
	0 分	1 分	2 分
心率	无	<100 次/分	≥100 次/分
呼吸	无	浅慢且不规则	佳，哭声响
肌张力	软瘫	四肢稍屈曲	四肢屈曲，活动好
喉反射	无反应	有些动作	咳嗽、恶心
皮肤颜色	全身苍白	躯干红润、四肢青紫	全身红润

（4）其他处理：将新生儿放在远红外辐射台上，注意保暖。查看新生儿性别，测体重，检查身体有无发育畸形、外伤等；将新生儿左足底及母亲右手拇指印于新生儿病历上，给新生儿穿衣、系上腕带及包被外系上标记牌；将新生儿抱给母亲，并让其首次吸吮乳头。新生儿送出产房需核对家属无误、签名后方可领回病房。并对家属进行新生儿护理的宣教。

8. 胎盘胎膜处理

（1）观察胎盘剥离征象：①宫体变硬呈球形，剥离的胎盘降至子宫下段，宫体呈狭长形被推向上，宫底升高达脐上；②阴道有少量流血；③外露脐带延长，用手掌在耻骨联合上方轻压子宫下段时，子宫体上升而外露脐带不再回缩。

（2）协助胎盘娩出：当确认胎盘已完全剥离，接产者于宫缩时以左手握住宫底按压，右手轻拉脐带，协助胎盘娩出。当胎盘娩至阴道口时，接生者用双手捧住胎盘向一个方向旋转，并向外牵拉，使胎膜完整剥离排出。在排出过程中发现胎膜部分断裂，用止血钳夹住断裂上端的胎膜，再继续向一个方向旋转，一直到胎膜完整排出。胎盘娩出后可按摩子宫刺激收缩减少出血，如宫缩不良可用缩宫素，同时注意测量出血量（图 8-5）。若胎盘未完全剥离而出血多时，应行徒手剥离胎盘术。

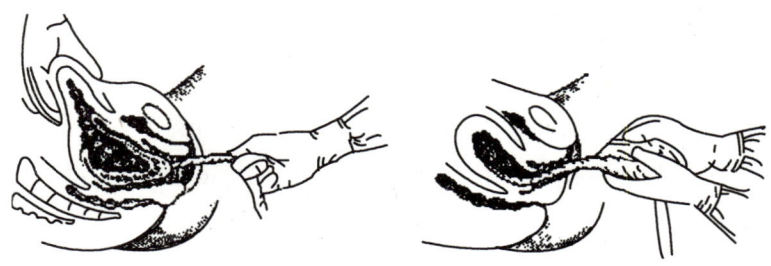

图 8-5　助娩胎盘示意图

（3）检查胎盘、胎膜完整性：胎盘娩出后，先将胎盘铺平，查看胎盘母面小叶有无缺损，然后将胎盘提起，检查胎膜是否完整，胎儿面血管有无断裂，及时发现是否有副胎盘残留在宫腔内。如有副胎盘，部分胎盘残盘，在严密无菌操作下用手进入宫腔取出残留组织。

9. 检查软产道　胎盘娩出后，将产道里的积血掏出后，要仔细检查软产道有无裂伤，检查顺序是：会阴、大小阴唇、尿道口周围→宫颈→阴道壁。检查宫颈后，将一带尾纱布团堵住宫颈口，并上推宫颈，以便暴露阴道壁。如有裂伤，立即缝合，缝合顺序是：宫颈→阴道壁→会阴、大小阴唇、尿道口周围→会阴侧切口。缝合后注意将带尾纱布取出，并注意无菌操作。

10. 用物分类预处理　接生完毕后，将胎盘装入袋中准备销毁；将器械整理在弯盘内，针放在锐器收集桶中；并移去产妇臀下污染的大单等，换上干净的消毒会阴垫，让产妇卧位休息，促进产妇的舒适度，注意保暖。

11. 清洗器械，脱去手套，洗手。及时填写产程记录单、产程监护记录单、分娩记录单、新生儿记录单等。

12. 产妇产后2小时观察　注意宫缩情况，阴道出血量，测血压、脉搏，膀胱是否充盈，外阴、阴道有无血肿，肛门有无坠胀感。嘱产妇每2~4小时排尿，经全面观察产妇产后情况后无异常，将产妇送回病房休息。

【评价】

1. 产妇及其家属对服务满意。
2. 操作流程规范、合理。分娩过程顺利。

【健康教育】

1. 与产妇及其家属有良好的沟通，以产妇为中心，做好陪伴分娩工作。
2. 告知产妇接生过程中出现的相应处理的目的，以取得产妇及其家属的配合。产妇及其家属知情同意并签名。

【注意事项】

1. 熟悉接产的流程，接产技术娴熟，用物准备到位。
2. 术中注意无菌操作，分娩过程中做好"五防一加强"。

3. 服务态度好，以产妇为中心，沟通到位，接产过程中一切干预性操作均需取得产妇及其家属的知情同意并签名，避免医患纠纷。

4. 工作中沉着冷静，同事间互相配合默契，发现难产因素，及时报告医师。

【学生操作评价】

1. 初步学会正常接产技术操作步骤。通过考核每位学生平产接生技术作评价。

2. 初步学会正确填写分娩记录、新生儿分娩及产后记录。

附：分娩记录单、新生儿记录单、产后记录单

某 医 院
分 娩 记 录 单

姓名_____ 婴儿性别_____ 住址_____
床号_____ 出生体重_____公斤
住院号_____ 出生时间____年___月___日 接生者_____ 记录者_____

胎产情况		胎产式		分娩方式	分娩时间		
胎次（包括本次）		枕前位		自然分娩	分娩发动	年月日时分	
产次（不包括本次）		枕后位		吸引产	宫口开全	年月日时分	
孕周		持续性枕横位		低位产钳产	胎儿娩出	年月日时分	
单胎		顶先露		吸引产	胎盘娩出	年月日时分	
双胎		前囟先露		+产钳产			
活胎		额先露		臀位助产	Ⅰ产程时间	小时	分钟
死胎		面先露		臀抽	Ⅱ产程时间	小时	分钟
死产		面先露		内倒转	Ⅲ产程时间	小时	分钟
新生儿死亡		全臀位		毁胎	总产程时间	小时	分钟
		单臀位		剖宫产	潜伏期时间	小时	分钟
畸胎		单足位	双足位		活跃期时间	小时	分钟
		复合位			试产时间	小时	分钟
		横位					

笔 记 栏

续表

出血总量 ml	羊水	多	脐带	长度 cm	胎盘	大小面积 cm× cm
宫颈裂伤		中		正常　黄染		重　量　　g
会阴裂伤　度，内缝　针 　　　　　　外缝		少		绕颈　周　先露		正常　粗糙面
		清		扭转　脱垂		低置　膜状
		Ⅰ度		水肿		前置　梗塞
会阴切开　外缝　针		Ⅱ度		结节		早剥　帆状
手术名称：		Ⅲ度		真结		稽留　拍状
手术指征：		血性		过细		粘连　轮廓
		臭		过短		植入　水肿
手术者：		早破		过长		残缺　畸形
分娩并发症： 主要处理：	分娩小结：				出室检查： 1. 脉搏情况_____ 2. 血　　压_____ 3. 宫底高度_____ 4. 宫　　缩_____ 5. 出　　血_____ 6. 会　　阴_____ 7. 小　　便_____ 　　签　　名_____		

某 医 院
新 生 儿 记 录 单

姓名_____ 床号_____ 住院号_____ 联系人姓名_____ 与新生儿关系_____
婴儿性别_____ 胎龄_____ 周 出生体重____ 公斤 分娩方式_____
出生时间____年____月____日____时____分 接生者_____ 记录者_____

	体征	0分	1分	2分	1分钟评分	5分钟评分	10分钟评分		一般情况	
阿氏评分								入室体检记录	头、五官	
	心率	无	<100	>100					心	
	呼吸	无	浅,哭声小	佳,哭声响					肺	
	肌张力	松弛	四肢屈曲	四肢活跃					腹、脐	
	喉反射	无	稍有反应	作呕					四肢关节	
	肤色	苍白	体红肢紫	全身红润					肛门生殖器	
									肤色	
		总分							畸形	
									签名	

	分类	具体诊断			主要治疗				新生儿特殊情况及处理:
疾病诊断	正常儿	早产儿	小样儿	过热	给氧	光疗	激素	卡介苗	
	缺氧	胎窘	窒息		温箱	换血	止血剂	已种	
	产伤				鼻饲	补碱	镇静剂	未种	
	感染				补液	补钾	抗胆碱	乙肝疫苗	
	畸形				输血	补钠	肝素	已种	
	溶血病				血浆	补钙	巴比妥	未种	
	其他				氨基酸	抗生素	ATA		

	时间	体温	哭声	肤色	呼吸	反应	呕吐	脐带	小便	其他	签名	交婴者_____
24小时内观察记录												接婴者_____
												足印:(新生儿左脚板印)

出院情况

出院日期   年 月 日   一般情况:脐部情况:
特殊情况:
转院日期: 年 月 日   死亡日期: 年 月 日 时 分
死亡原因:

母亲右拇指手印

某 医 院
产 后 记 录 单

分娩日期　　　　姓名　　　　年龄　　　　床号　　　　住院号

日期	血压 mmHg	乳房			子宫	子宫	恶 露			会 阴			并发症	医师签名
		乳头	乳汁	其他	收缩	宫底高度	量	色	其他	红肿	硬结	缝线		

出院情况

日期	宫底高度	恶露	乳房乳头	会阴	医师签名

备注

出院医嘱

模拟平产接生考核评分标准　总分

内容			扣分	备注
接生前准备 总分20分	开始时间　2分			
	准备会阴垫等　1分　将宫内胎儿放于完成内旋转后位置　1分　准备好产力（由一名学生当）　1分			
	与产妇沟通，并指导产妇用力　4分			
	准备用物（接生用产包、吸痰管、护脐带等）　4分			
	会阴冲洗及消毒（方法步骤）　5分			
	说出冲洗液名称及浓度等　2分			
接生总分35分	铺巾等10分	铺中单（无菌）　5分　器械的整理堆放　3分		
		吸痰管准备、脐部结扎用气门芯准备　2分		
	保护会阴15分	保护会阴时间（开始及结束时间）　5分		
		保护会阴姿势　5分　保护会阴动作　5分		
	助娩经过10分	仰伸　2分　清理呼吸道　2分　复位　2分 外旋转　2分　肩娩出　2分		
第三产程 助娩经过 总分30分	清理呼吸道　3分　断脐　2分　保暖　2分			
	阿氏评分　5分			
	脐部处理　6分			
	胎盘剥离征象　4分　助娩胎盘方法　3分			
	胎盘胎膜检查　2分　软产道的检查　3分			
产后整理工作 总分　5分	胎盘、垃圾分类预处理　5分			
产后2小时观察 总分钟　10分	观察时间　观察内容　10分			

实训九　正常新生儿护理

正常新生儿出生后常规需每日清洁皮肤，保持皮肤清洁，促进舒适；促进血液循环；增加抵抗力，预防皮肤感染；促进生长发育。婴儿抚触，可以刺激婴儿的淋巴系统，增强抵抗能力，改善消化，增强睡眠；还可以平复婴儿焦躁的情绪，减少哭泣。更为重要的是，抚触能促进母婴间的交流，令婴儿感受到妈妈的爱护和关怀。

一、新生儿沐浴

【目的】

1. 了解新生儿沐浴的目的。
2. 掌握新生儿沐浴的操作步骤及注意事项。
3. 培养学生对新生儿关心、爱护的态度。

【内容】

学习新生儿沐浴操作流程及注意事项。

【禁忌证】

新生儿出生后体温未稳定前不宜沐浴。

【评估】

1. 评估新生儿的病情、精神、体温、皮肤颜色（黄疸、出血点、脓疱）。
2. 评估新生儿吸吮及大小便情况。
3. 评估新生儿脐部情况、分泌物及干燥程度。
4. 评估新生儿家长的知情配合程度。

【操作准备】

1. 护士准备　着装规范，衣帽整洁，修剪指甲，洗手，戴口罩。

2. 用物准备　治疗车上放一治疗盘（棉签、手套、弯盘、75%酒精）、婴儿干净衣物、两条小毛巾、两条浴巾、护脐带、洗发露、沐浴露、爽身粉、尿布、软膏、磅秤。

3. 环境准备　关门窗，调节室温26~28℃，水温38~42℃，一般用手腕测试较暖即可。

4. 婴儿准备　沐浴前不喂食。做好婴儿家属的解释工作。

【实施】

1. 脱衣　抱新生儿于沐浴台上，取下标牌，解衣裤、尿布，核对母亲姓名、新生儿性别（手圈、标牌、外生殖器一致），检查全身健康情况，用石蜡油揩去胎脂（腋下、颈下、腹股沟及阴唇内）。

2. 洗脸　小毛巾叠两下，用一角擦眼睛从内到外，翻开另一角同法擦对侧眼睛，洗鼻、颜面、嘴（图9-1）。

3. 洗头　护士左手手掌托住新生儿头部，大拇指、食指反折外耳郭盖住两耳孔，用水冲湿其头部，将洗发露涂于右手按摩头和耳后，再用水冲净（图9-2）。

4. 清洗身体　按先上后下，先对侧后近侧的原则冲湿躯干、四肢，并用同样方法涂擦沐浴露，用水冲净皮肤（图9-3）。

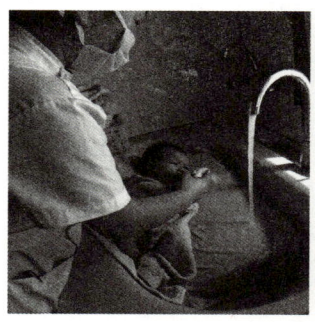 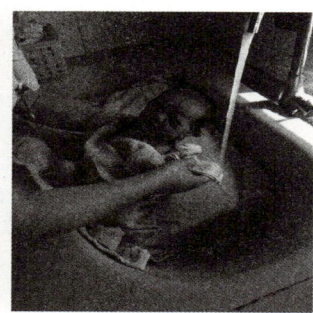 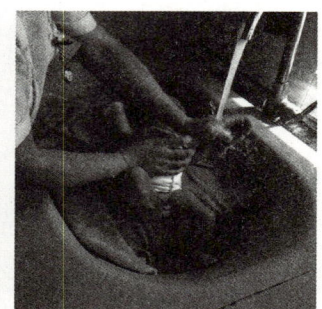

图9-1　洗脸　　　　图9-2　洗头　　　　图9-3　清洗身体

笔记栏

5. 沐浴后护理　抱新生儿到沐浴台大毛巾上轻轻擦干全身皮肤，脐部护理后在皮肤皱褶处均匀扑上爽身粉，臀部涂上软膏，兜上尿布，再次核对后穿好衣裤，挂上标牌，最后用干棉签清洁耳鼻后抱回母亲处（图9-4~图9-6）。

6. 结束　整理沐浴台、洗手、记录。

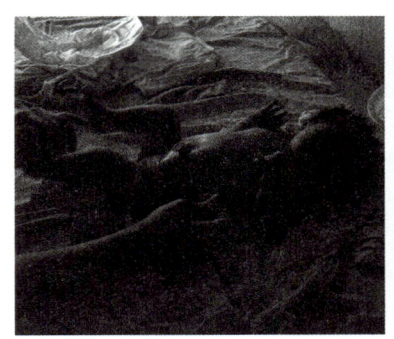

图 9-4　擦干全身、脐部及皮肤护理

图 9-5　兜上尿布、穿好衣裤

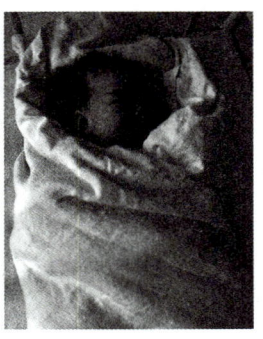

图 9-6　打包

【评价】

1. 执行查对制度，无差错。
2. 沐浴过程中注意保暖。
3. 新生儿安静、舒适。

【健康教育】

1. 告知新生儿家属沐浴目的、注意事项及配合方法。
2. 给新生儿选择舒适、宽松、棉质布料的衣服。

【注意事项】

1. 擦洗顺序　清水→沐浴露→清水洗净。
2. 沐浴过程中不能离开新生儿并始终用手接触和保护新生儿，如新生儿出现寒战、面色苍白等病情变化应立即停止沐浴。
3. 给新生儿沐浴时动作要轻而敏捷，防止新生儿受凉及损伤。
4. 新生儿沐浴于喂奶前或喂奶后1小时进行，以免呕吐和溢奶。
5. 注意耳、眼内不得有水或沐浴露进入。

二、婴儿抚触

【目的】

1. 了解婴儿抚触的目的。
2. 掌握婴儿抚触的操作步骤。
3. 培养学生对婴儿关心、爱护的态度。

【内容】

学习婴儿抚触操作流程。

【评估】

1. 评估婴儿的病情、精神、体温、皮肤颜色（黄疸、出血点、脓疱）。
2. 评估婴儿吸吮及大小便情况。
3. 评估婴儿脐部情况，分泌物及干燥程度。
4. 评估婴儿家长的知情配合程度。

【操作准备】

1. 护士准备　着装规范，衣帽整洁，修剪指甲，洗手，戴口罩。
2. 用物准备　沐浴台、婴儿油、婴儿干净衣物、一条浴巾、护脐带、尿布。
3. 环境准备　门窗，调节室温 26～28℃，播放一些柔和的音乐，调节气氛，有助于新生儿情绪放松。
4. 婴儿准备　将浴巾平铺于沐浴台上，把婴儿抱于床上，脱去衣服。

【实施】

1. 脸部抚触　舒缓脸部因吸吮、啼哭及长牙所造成的紧绷。在手掌中倒适量婴儿油，将手搓热，从婴儿前额中心处开始，用双手拇指轻轻往外推压。然后依次是眉头、眼窝、人中、下巴（图9-7）。

图 9-7　脸部抚触

2. 胸部抚触　顺畅呼吸循环。手法：双手放在婴儿的两侧肋缘，先是右手向上滑向婴儿右肩，复原；换左手，方法同前（图 9-8）。

3. 腹部抚触　加强婴儿排泄功能，有助于排气缓解便秘，在婴儿腹部以顺时针方向按摩，新生儿在脐痂未脱落前不要进行这个按摩动作。手法：用右手在婴儿的左腹由上往下画一个英文字母"I"，再依操作者的方向由左至右画一个倒写的"L"，最后由左至右画一个倒写的"U"（图 9-9）。

 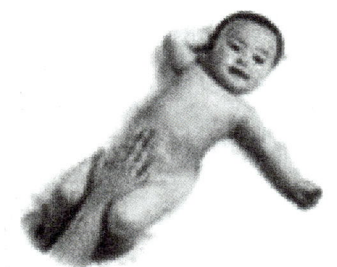

图 9-8　胸部抚触　　　　图 9-9　腹部抚触

4. 手臂按摩　增强手臂和手的灵活反应，增加运动协调功能。手法：双手先握住婴儿的一只胳膊，从上臂到手腕轻轻挤捏，再按摩小手掌和每个小手指。换手，方法同前（图 9-10）。

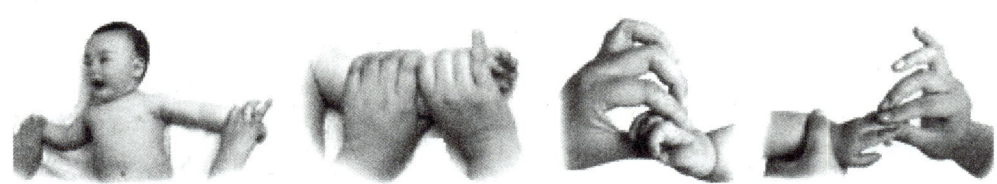

图 9-10　手臂按摩

5. 腿部抚触　增强腿和脚的灵活反应，增加运动协调功能。手法：从婴儿的大腿开始轻轻挤捏至膝、小腿，然后按摩脚踝、小脚及脚趾（图9-11）。

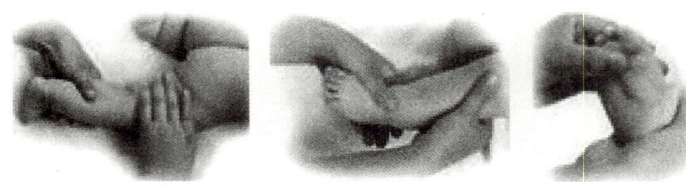

图 9-11　腿部抚触

6. 背部抚触　舒缓背部肌肉。手法：将婴儿趴在床上（注意宝宝脸部，使其呼吸顺畅），双手轮流从婴儿头部开始沿颈顺着脊柱向下按摩，再用双手指尖轻轻从脊柱向两侧按摩（图9-12）。动作结束后，还可将手轻轻抵住婴儿的小脚，使婴儿顺势向前爬行（注意：新生儿做1~2个爬行动作即可）。

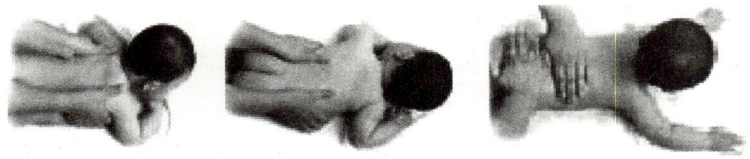

图 9-12　背部抚触

【评价】

1. 抚触过程中注意保暖。
2. 婴儿安静、舒适。

【健康教育】

告知婴儿家属婴儿抚触的作用：有利于消化吸收，促进新生儿体格和智力发育；促进局部血运循环，提高御寒能力，减少哭闹，增加新生儿睡眠；促进呼吸循环功能，刺激新生儿淋巴系统，增强抗病能力；增进母子感情，满足新生儿情感需要。

【注意事项】

1. 时间选择在沐浴之前、午睡前或晚上睡觉前。
2. 选择婴儿不太饥饿或不烦躁的时候，开始的按摩手法要轻，然后逐渐加力,让婴儿慢慢适应。

3. 不要强迫婴儿保持固定姿势。在抚触过程中,可以与婴儿进行交流,即每做一个动作,都可以告诉婴儿。

4. 新生儿的脐痂未脱落时,腹部不要进行按摩,等脐痂脱落后再按摩。

5. 在抚触中,每个抚触动作不能重复太多,既可以打乱抚触操的顺序,也可以节选其中的几节对婴儿进行抚触按摩。时间从 5 分钟开始,渐渐延长到 15~20 分钟。

6. 婴儿情绪反应激烈时,需停止抚触按摩。

实训十　新生儿窒息复苏技术

新生儿窒息是指胎儿娩出后 1 分钟，仅有心跳而无呼吸或未建立规律呼吸的缺氧状态。是新生儿伤残及死亡的主要原因之一。产前估计胎儿娩出后可能发生新生儿窒息者，医护人员应于分娩前充分做好复苏准备以便及时抢救新生儿，避免遗留后遗症甚至死亡。

临床上新生儿出生后 1 分钟 Apgar 评分，有助于判断新生儿是否需要复苏；出生后 5 分钟 Apgar 评分，有助于判断新生儿恢复程度和预后，若出生后 5 分钟评分≤3 分，则新生儿的死亡率及日后发生脑部后遗症的机会明显增加。

新生儿窒息复苏方案为 A（airway）、B（breathing）、C（circulation）、D（drugs）、E（evaluation）方案。在 ABCD 复苏原则下，新生儿复苏可分为 4 个步骤：①快速评估和初步复苏；②正压通气和氧饱和度监测；③气管插管正压通气和胸外按压；④给予药物或扩容治疗。2011 年我国制定了新生儿窒息复苏指南流程图（图 10-1）。

复苏的基本程序：

$$\text{措施} \longrightarrow \text{决策} \longrightarrow \text{评估}$$

此评估-决策-措施的程序在整个复苏中不断重复。评估主要基于以下 3 个体征：呼吸、心率、氧饱和度。通过评估这三个体征中的每一项来确定每一步骤是否有效。其中心率对于决定进入下一步骤是最重要的。

【目的】

熟悉新生儿窒息复苏技术的流程及护理配合。

【内容】

学习新生儿窒息复苏的流程及护理配合。

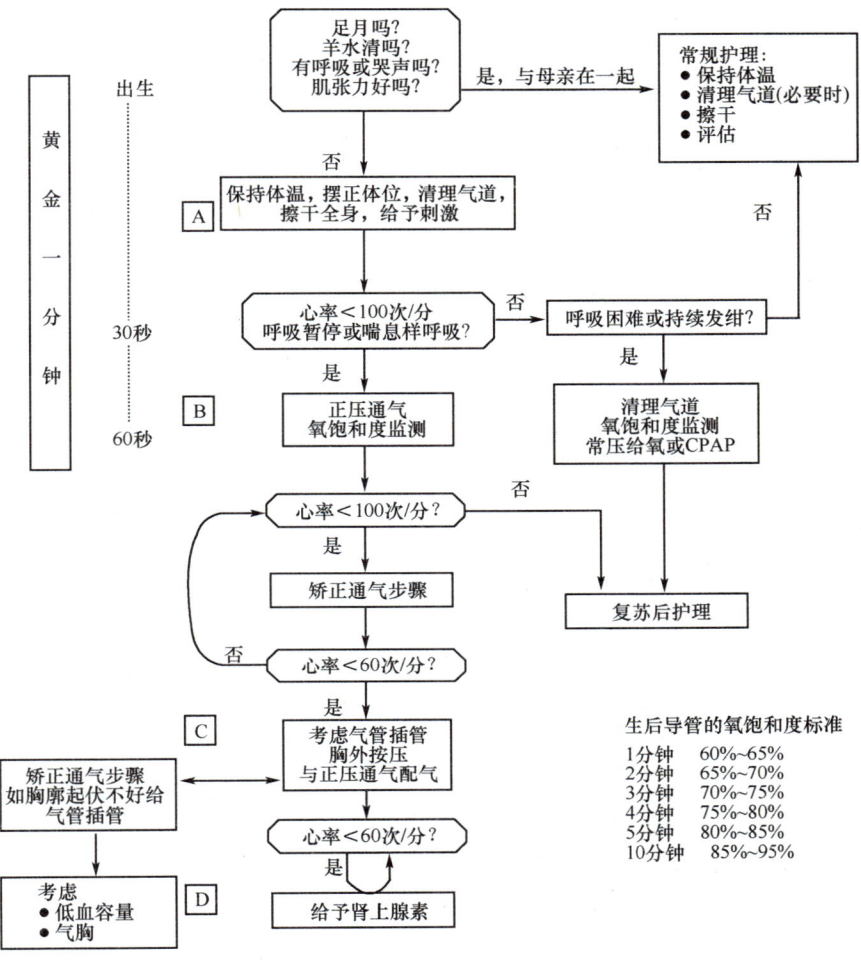

图10-1 2011年我国新生儿窒息复苏指南流程图

【评估】

1. 评估新生儿出生后是否存在窒息及窒息的程度。

2. 复苏的最初评估 新生儿出生后复苏人员立即评估以下4项指标：①是否足月；②羊水是否清亮；③肌张力是否正常；④是否有呼吸或哭声。如上述4项均正常，应给予清理呼吸道、擦干新生儿全身、保暖、防止体热丧失、保持体温等常规护理。如有1项不正常，立即进行初步复苏。

3. 评估产妇及家属的心理-社会状况，积极沟通，注意说话方式，使其配合抢救，减少医患纠纷。

【复苏的准备】

1. 人员准备

（1）每次分娩时有 1 名熟练掌握新生儿复苏技术的医务人员在场，其职责是照料新生儿。

（2）复苏 1 名严重窒息儿需要儿科医师和助产士（师）各 1 人。

（3）多胎分娩的每名新生儿都应由专人负责。

（4）复苏小组每个成员需有明确的分工，均应具备熟练的复苏技能。

2. 物质准备　新生儿复苏要求设备和药品齐全，单独存放，功能良好。详附如下：①准备新生儿保暖设备（远红外辐射保温台），打开辐射台电源；②准备氧气源、吸氧设备；③复苏器械和用品包括：各种型号的一次性吸引管、吸球、负压吸引器、胎粪吸引管、吸氧设备、脐静脉导管、8 号胃管、注射器（1、5、10、20、50ml）、婴儿复苏气囊、面罩、新生儿喉镜及镜片、各种型号的气管导管、金属芯、手套、剪刀、止血钳、粗丝线、听诊器。准备：脉搏氧饱和度仪、空氧混合仪、T-组合复苏器（图 10-2、图 10-3）；④药物：肾上腺素（1∶1000）、生理盐水等。

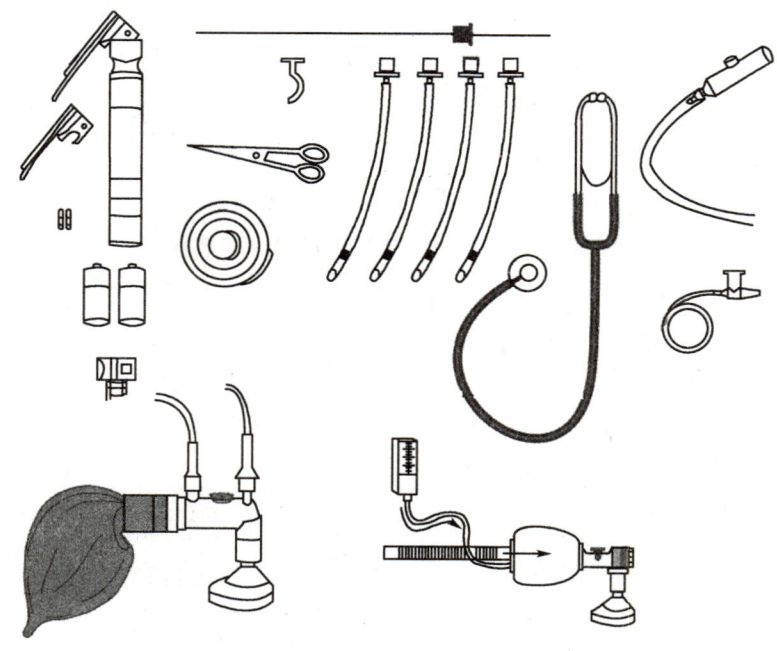

图 10-2　复苏器械

图 10-3　T-组合复苏器

【实施】

1. 初步复苏　应在 30 秒之内完成。

（1）保暖：抢救前应开启远红外辐射抢救台（图 10-4），使辐射台的温度保持在 30~32℃，新生儿娩出后立即置于远红外辐射抢救台上，擦干体表的羊水及血迹，减少散热，维持新生儿肛温 36.5~37℃，有利于新生儿复苏。

（2）摆放体位：置新生儿颈轻度仰伸呈"鼻吸气位"。位使咽后壁、喉和气管成一直线。颈部伸展过度或不足，都会阻碍气体进入。为使新生儿保持正确体位，可在其肩胛下垫一折叠的毛巾（图 10-5）。

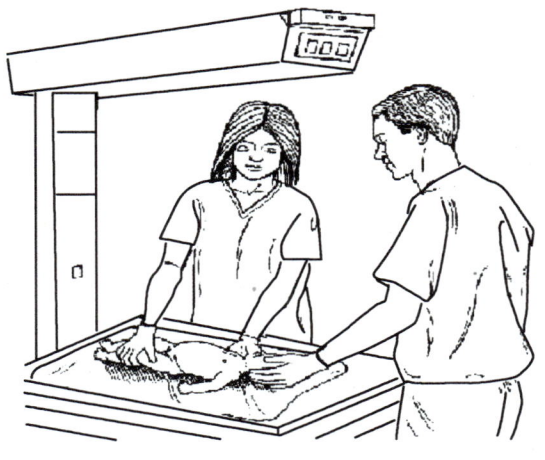

图 10-4　远红外辐射抢救台

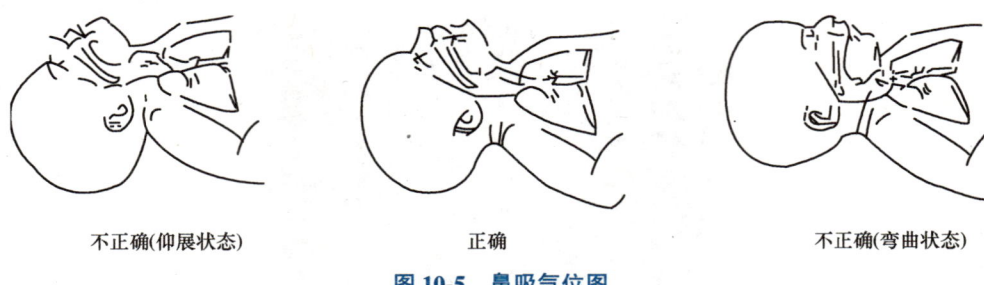

图 10-5 鼻吸气位图

（3）清理呼吸道：是新生儿窒息抢救的首要措施。新生儿娩出后立即用吸球或吸管吸净口、咽及鼻腔的黏液与羊水（图 10-6），可在新生儿肩背部用毛巾垫高 2~3cm，有利于气道通畅，吸引的顺序是先口咽后鼻腔，动作轻柔以免损伤咽部黏膜。对于羊水清亮或有胎粪污染但新生儿有活力（新生儿有活力的定义为：哭声响亮或呼吸好，肌张力好，心率>100 次/分。其中任何一项为"否"时称为无活力）者，则不需特殊处理，继续观察。如羊水有胎粪污染、新生儿无活力则应在新生儿呼吸前行气管插管，尽量吸净气管内胎粪，以防止发生新生儿胎粪吸入性肺炎，操作时动作轻柔，避免损伤气道黏膜。气管插管吸引胎粪的方法（图 10-7）：插入喉镜，用 12F 或 14F 吸管清洁口腔和后咽部，直至看到声门。将气管导管插入气管，将气管导管经胎粪吸引管与吸引器相连，边吸引边缓慢（3~5s）拔出气管导管，必要时可重复操作。

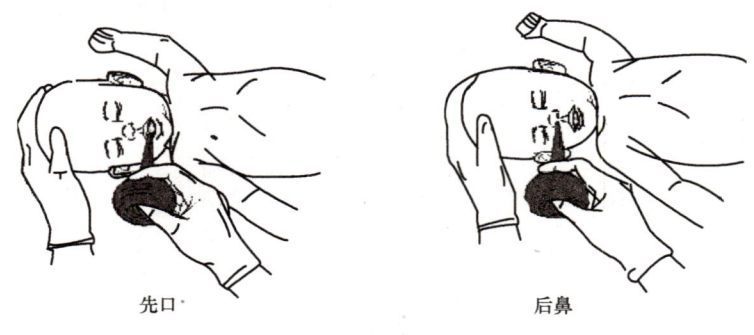

图 10-6 清理呼吸道图（先口后鼻）

（4）擦干：用温热毛巾迅速擦干新生儿身上的羊水、血迹（图 10-8）。
（5）给予刺激：用手拍打或手指轻弹患儿的足底或摩擦背部 2 次以诱发自主呼吸（图 10-9）。

（6）重新摆正头部，为鼻吸气位。

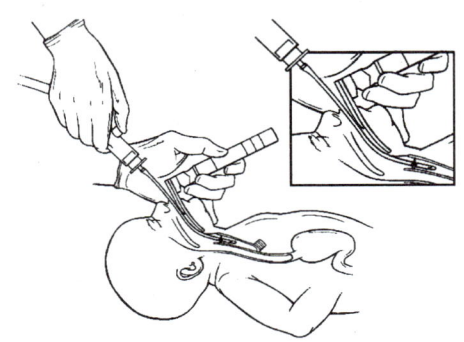

图 10-7　气管插管吸引胎粪图

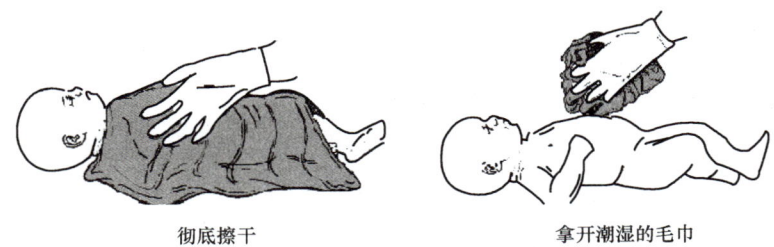

彻底擦干　　　　　　　　拿开潮湿的毛巾

图 10-8　擦干全身

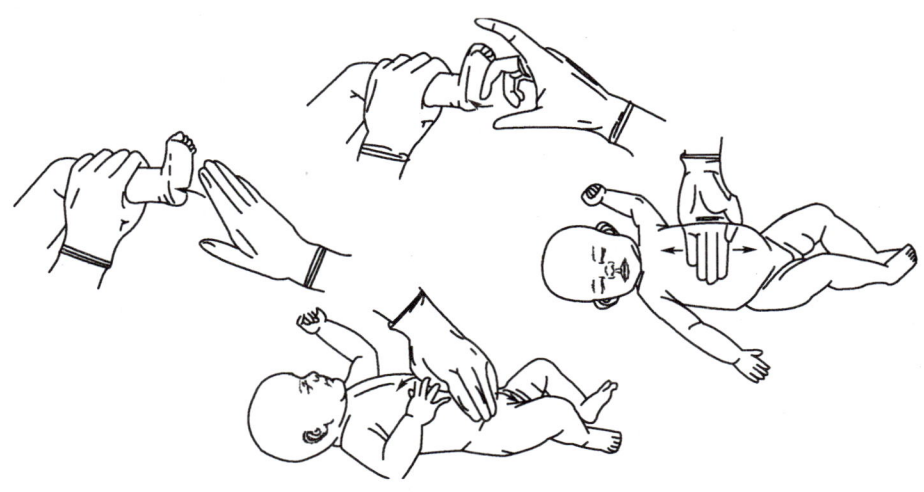

图 10-9　触觉刺激方法示意图

3. 气管插管

（1）气管插管的指征有：①羊水胎粪污染且新生儿无活力时需气管插管吸

引胎粪；②气囊面罩正压通气无效或要延长时；③需胸外按压时；④经气管注入药物时；⑤特殊情况：极度早产儿，给予肺泡表面活性物质或疑有膈疝。

（2）气管插管型号的选择（表10-1）。

（3）气管插管的深度：插入气管内导管的深度为端-唇距离为体重加5~6cm（表10-2）。

表10-1 不同胎龄、不同体重新生儿气管导管的选择

胎龄（w）	新生儿体重（g）	导管内径（mm）
<28	<1000	2.5
28~34	1000~2000	3.0
34~38	2000~3000	3.5
>38	>3000	3.5~4.0

表10-2 端-唇距离测量法

体重（kg）	（端到上唇 cm）
1*	6~7
2	7~8
3	8~9
4	9~10

注：*体重小于750 g的婴儿可能只需要插入6 cm。

（4）气管插管的方法：新生儿取鼻吸气位，术者站在患儿头侧，右手固定儿头，左手持喉镜，使用带直镜片（早产儿用0号，足月儿用1号）的喉镜进行经口气管插管。喉镜镜片应沿着舌面右边滑入，将舌头推至口腔左边，推进镜片直至其顶端达会厌软骨谷。采用一抬一压手法，轻轻抬起镜片，上抬时需将整个镜片平行朝镜柄方向移动，使会厌软骨抬起即可暴露声门和声带。在暴露声门时不可做旋转动作，也不可上撬镜片顶端来抬起镜片。右手持导管插入，将管端置于声门与气管隆凸之间，接近气管中点。整个操作要求在20秒内完成（图10-10、图10-11）。

（5）确定导管的位置正确方法：①胸廓起伏对称；②听诊双肺呼吸音一致，尤其是腋下；③无胃部扩张；④胃部无呼吸音；⑤呼气时导管内有雾气；⑥心率、肤色、新生儿反应好转；⑦有条件可使用呼出CO_2检测器，可有效确定有自主循环的新生儿气管插管位置是否正确。

4. 气囊面罩正压人工呼吸

（1）正压人工呼吸指征：新生儿仍呼吸暂停或喘息；心率<100次/分；或持续性中心性青紫，应立即进行正压通气。

（2）给氧浓度：无论足月儿或早产儿，正压通气均要在氧饱和度仪的监测下进行。足月儿可以用空气开始复苏，早产儿开始给30%~40%的氧，用空氧混合仪根据氧饱和度调整给氧浓度，使氧饱和度达到目标值。如暂时无

空氧混合仪，可用接上氧源的自动充气式气囊去除储氧袋进行正压通气，可给40%的氧。如果有效通气90秒，心率不增加或氧饱和度增加达不到标准值，应当考虑氧浓度提高到100%。正压给氧需使用自动充气式复苏囊（图10-14、图10-15）。脉搏氧饱和度仪的传感器应放在导管前位置（即右上肢，通常是手腕或手掌的中间表面）。在传感器与仪器连接前，先将传感器与婴儿链接有助于最迅速地获得信号。

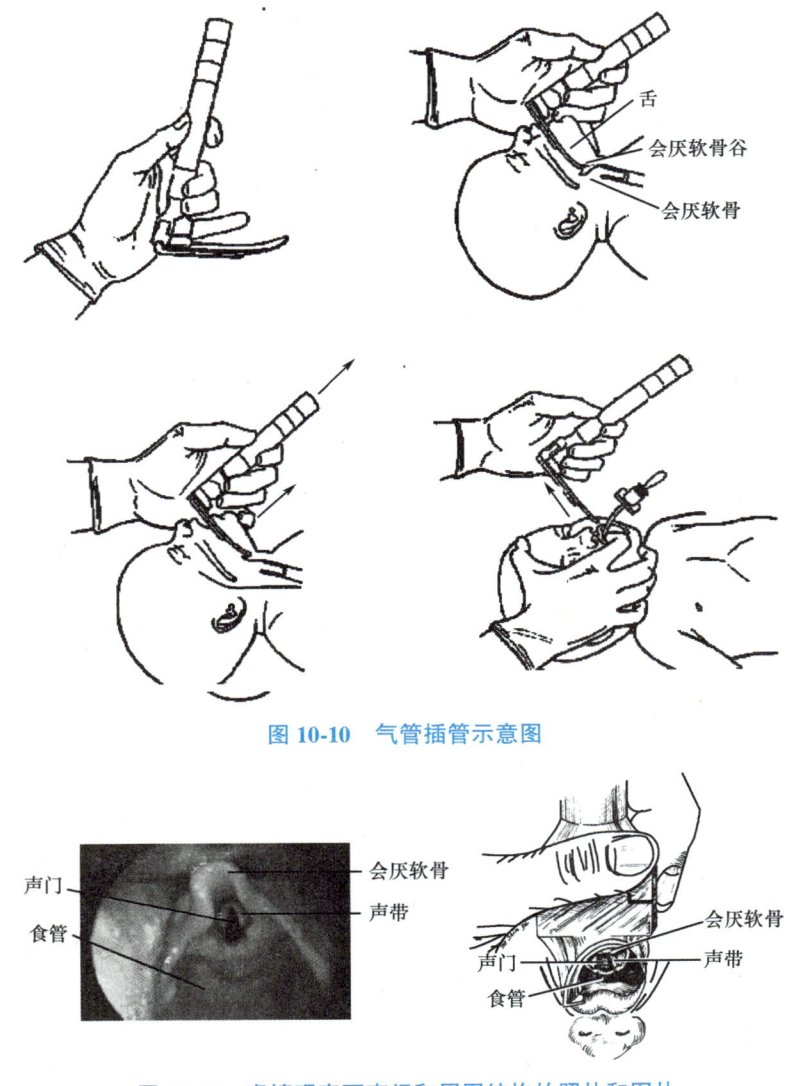

图 10-10　气管插管示意图

图 10-11　喉镜观察下声门和周围结构的照片和图片

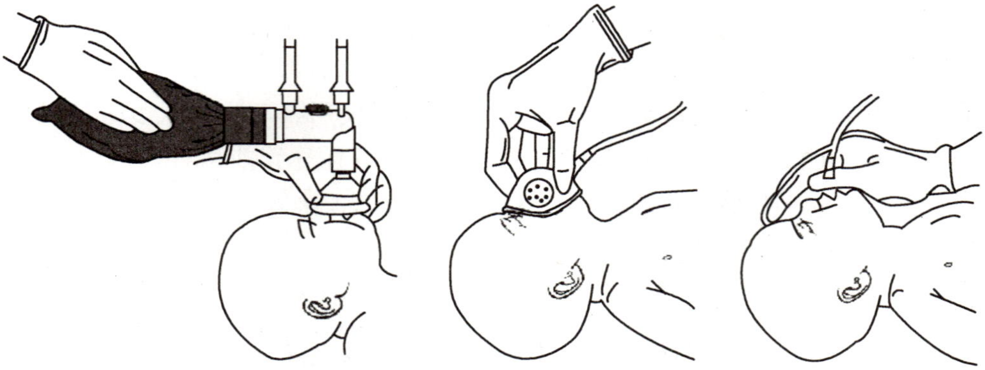

图 10-12　常压下给氧图

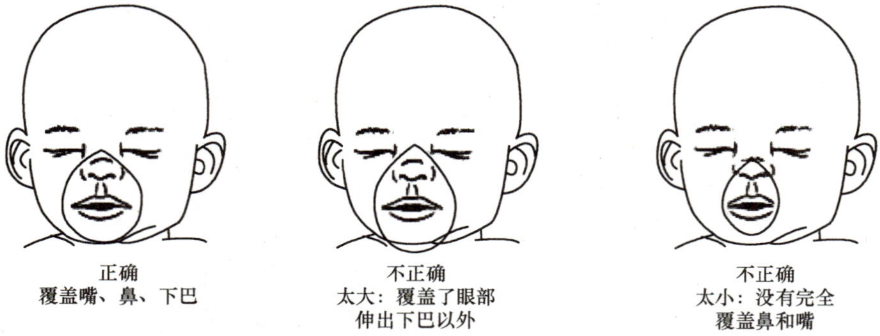

正确
覆盖嘴、鼻、下巴
不正确
太大：覆盖了眼部
伸出下巴以外
不正确
太小：没有完全
覆盖鼻和嘴

图 10-13　面罩的正确使用

空气入口和
储氧器附着处
减压(顶出)阀
阀门部
储氧器
氧入口
压力表附着处
病人侧气体出口
检查自动充气式气囊

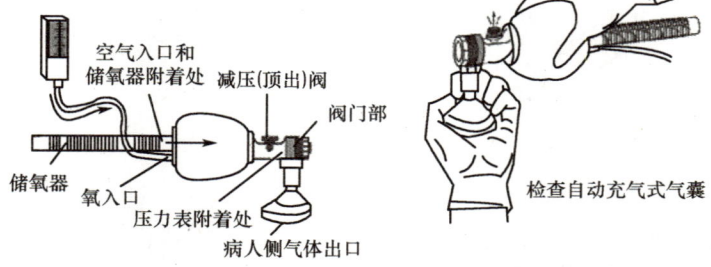

图 10-14　自动充气式复苏囊结构及检查法示意图

（3）压力及频率：开始压力需要 30～40cmH_2O，以后维持在 15～20cmH_2O；频率 40～60 次/分。经 30 秒充分正压人工呼吸后，如有自主呼吸，心率>100 次/分，可逐步减少并停止正压人工呼吸。如没有自主呼吸或心率<100 次/分，须继续行正压通气。脉搏氧饱和度仪的传感器应放在导管前位置

笔记栏

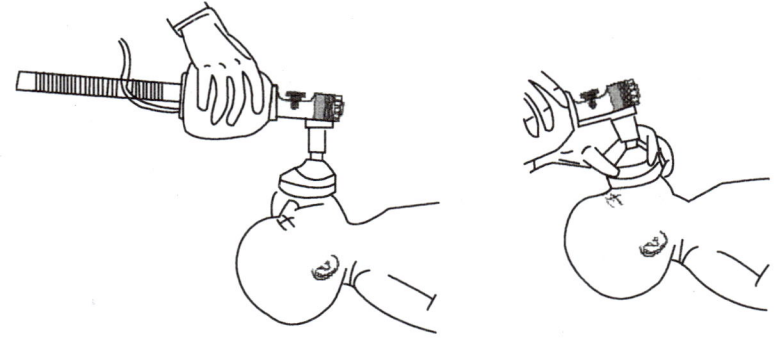

图 10-15　自动充气式复苏囊放置示意图

（即右上肢，通常是手腕或手掌的中间表面）。在传感器与仪器连接前，先将传感器与婴儿链接有助于最迅速地获得信号。

5. 胸外心脏按压

（1）指征：如无心率或经 30 秒有效的正压通气后心率持续<60 次/分，应同时进行胸外心脏按压。

（2）方法：两人操作，一人胸外按压，一人正压通气。新生儿仰卧，采用拇指法（双手拇指重叠或并列，其余四指环抱胸廓支撑背部）或双指法（右手食、中两个手指尖放在胸骨上，左手支撑背部）有节奏地按压胸骨体下 1/3 处，胸外按压和人工呼吸的比例应为 3:1，即按压 90 次/分和人工呼吸 30 次/分，按压深度为胸廓前后径的 1/3，按压有效者可触到动脉搏动（图 10-16~19）。

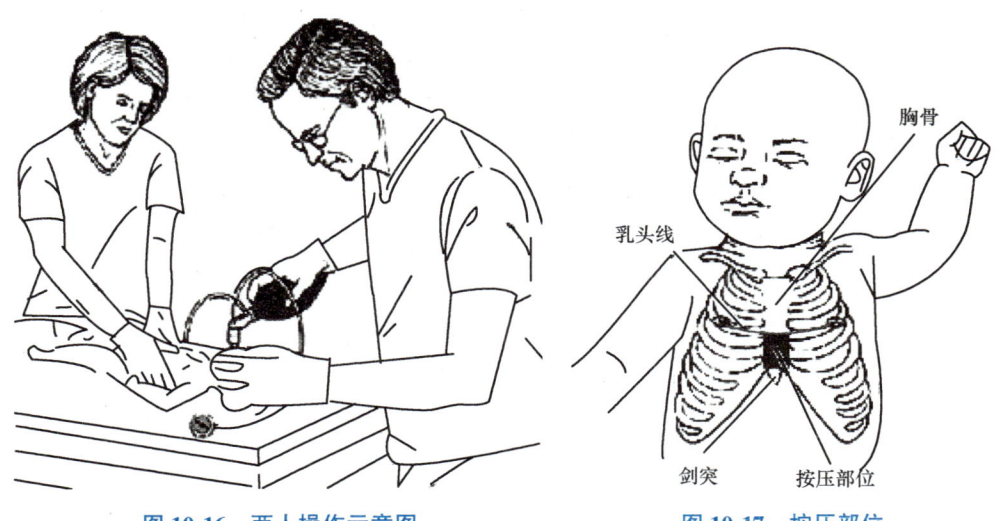

图 10-16　两人操作示意图　　　　　图 10-17　按压部位

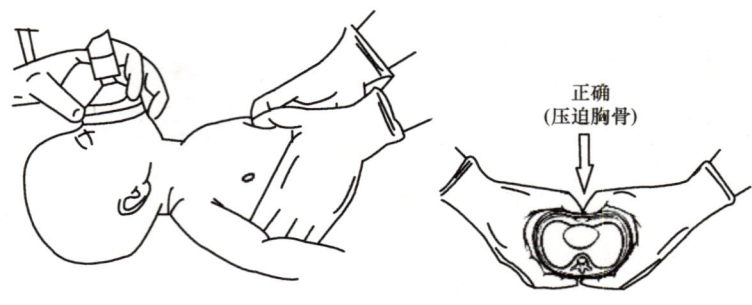

图 10-18 拇指法胸外按压法示意图

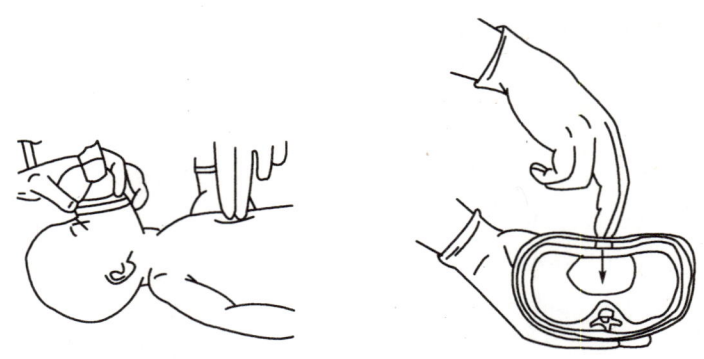

图 10-19 两指法胸外按压法示意图

6. 药物治疗

（1）肾上腺素：经 30 秒有效的正压人工呼吸和胸外心脏按压后，心率<60 次/分，遵医嘱用浓度 1∶10000 的肾上腺素 0.1~0.3ml/kg 经脐静脉导管内注入或气管导管内注入。

（2）扩容剂：给药 30 秒后，如心率<100 次/分，并有血容量不足表现时，给予生理盐水，剂量为每次 10ml/kg，于 10 分钟以上静脉缓慢输注。大量失血需输入与新生儿交叉配血阴性的同型血。

（3）碳酸氢钠及纳洛酮：在复苏过程中一般不宜使用。

（4）脐静脉插管：脐静脉是静脉注射的最佳途径，用于注射肾上腺素以及扩容剂。可选用 3.5F 或 5F 的不透射线的脐静脉导管，在无菌操作前提下，将选好吸有生理盐水的脐静脉导管插入脐静脉 3~4 cm，导管尖端应仅达皮下（脐轮下）进入静脉，轻轻抽吸有血液回流时即可，用粗丝线固定。插入过深、高渗透性和影响血管的药物可能直接损伤肝脏。务必避免将空气推入脐静脉。

【护理配合】

1. 病情观察　严密观察新生儿的皮肤颜色、呼吸、心率、喉反射、肌张力。根据需要随时进行 Apgar 评分。

2. 配合医生进行新生儿复苏　按照 A→B→C→D 步骤，遵循评估→决策→实施程序，循环往复，直至复苏完成。

3. 复苏后的护理　复苏后的新生儿可能有多器官损害的危险，仍应加强新生儿监护。注意保暖，保持安静，延迟哺乳和沐浴，保持呼吸道通畅。密切观察新生儿面部及皮肤颜色、呼吸频率和节律、心率、对刺激的反应、体温、出入量等，并记录病情。继续监测维持内环境稳定，包括：氧饱和度、心率、血压、红细胞压积、血糖、血气分析及血电解质等。遵医嘱给予纠正酸中毒、维持营养、预防颅内出血和防治感染的药物，注意给药速度及用药反应。

4. 心理护理　提供情感支持，提高复苏水平，组织好抢救，减轻产妇焦虑感。抢救无效新生儿死亡时，选择合适的语言和时机告知产妇及家人，使产妇及家人情绪稳定，能接受现实。

【评价】

1. 新生儿复苏 5 分钟之内的 Apgar 评分是否提高。
2. 新生儿有无受伤及感染的征象。
3. 产妇及家人是否理解新生儿抢救措施并接受现实。

【健康教育】

指导产妇进行母乳喂养，加强育儿知识的宣教。指导重度新生儿窒息的产妇及家属注意观察新生儿的精神情况及远期表现，做好长期跟踪随访。

【注意事项】

1. 复苏前准备工作要充分。
2. 对<1500g 的极低出生体重儿（VLBWI）出生复苏时可采用塑料袋保温。
3. 早产儿对高动脉氧分压非常敏感，易造成氧损害。需要规范用氧，复苏时尽量避免使用 100% 浓度的氧，并进行脉搏氧饱和度或血气的动态监测，使氧饱和度维持在 85%~95%。
4. 所有无法成功复苏的原因几乎都是通气问题。
5. 复苏成功后新生儿需立即转诊到新生儿科，继续监护。

实训十一　臀位分娩机制和臀位助产技术

　　臀位属于异常胎位。因胎头的径线最大，故臀先露的胎肢、臀甚至躯干部位均不能充分扩张软产道，致使后出的胎头娩出困难。臀位还容易发生胎膜早破、脐带脱垂、产程过长、胎儿窘迫等并发症。

　　臀位分娩的基本类型可分为三种。①自然分娩：指胎儿的整个娩出过程完全靠产妇自身的产力，助产者未予任何外力帮助者。②臀位助产（臀位部分牵引术）：指部分胎体自然娩出，而后出的胎儿部分如躯干上部、上肢、胎头等靠助产者的牵引力娩出。③臀位牵引术：指整个胎儿的娩出过程全部靠助产者的牵引娩出。

一、臀位分娩机制

【目的】

了解臀位分娩机制及分娩步骤。

【内容】

利用模型能演示臀位分娩机制。

【评估】

评估学生对臀位分娩机制原理的理解。

【操作准备】

用物准备：胎儿模型、骨盆模型。

【实施】

1. 教师讲解并演示枕前位的分娩步骤。

（1）胎臀娩出：胎臀以粗隆间径衔接于骨盆入口右斜径上，前臀下降稍快,先达盆底,在盆底阻力作用下,前臀向母体右侧方向转45°至耻骨联合后方,完成内旋转动作。后臀先娩出,再娩前臀。

（2）胎肩娩出:胎臀及双下肢娩出后,胎体向左外旋转胎背转至前方或右前方,胎儿双肩径衔接于骨盆入口右斜径或横径上并沿此径下降,双肩下降至骨盆底时,前肩向右旋转45°至耻骨弓下,使双肩径与骨盆出口前后径一致,同样胎体为适应产道侧屈后肩及后上肢先自会阴前缘娩出,继之胎体侧伸,前肩及前上肢从耻骨弓下娩出。

（3）胎头娩出:胎肩通过会阴时,胎头矢状缝衔接于骨盆入口左斜径或横径上并沿此径线下降同时胎头俯屈。当胎头枕骨到达骨盆底时向母体骨盆左前方旋转45°,使枕骨朝向耻骨联合至枕骨下凹达耻骨弓下。以此处为支点,胎头继续俯屈,使颏、面及额相继自会阴前缘娩出,骶横位和骶后位的分娩机制仅在内旋转时转的角度与骶右前位不同,骶横位转90°,而骶后位转135°（图11-1）。

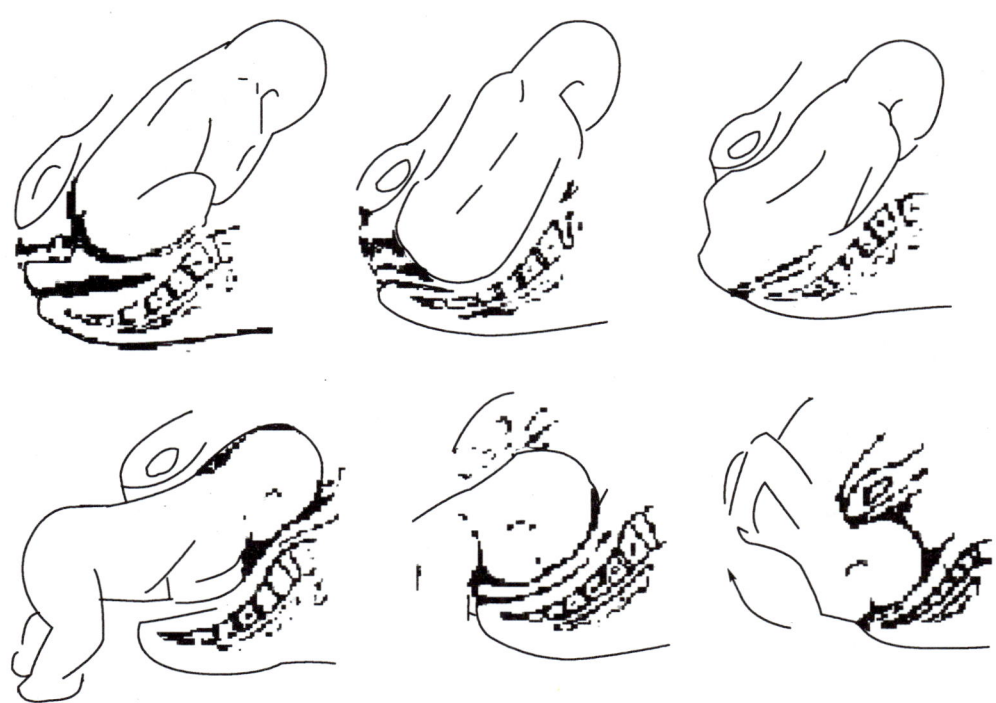

图 11-1　臀位分娩机制示意图

2. 学生分组模仿练习。教师检查学生练习的正确，帮助学生理解胎臀、胎肩、胎头如何被动转动，通过骨盆的三个平面（即为什么要这样转）。

3. 抽样调查学生对臀位分娩机制理解程度，并及时评估。

【评价】

学生加深了对臀位分娩机制的理解。

二、臀位助产术

【目的】

1. 掌握臀位助产术的适应证、禁忌证。
2. 掌握臀位助产术的操作方法及其护理配合。
3. 熟悉臀位助产术的注意事项。

【内容】

学习臀位助产术的操作流程及其护理配合。

【适应证】

1. 凡属臀位，胎儿体重在 3500g 以下者。
2. 宫口已开全，胎儿存活者。

【禁忌证】

1. 骨盆异常者，如扁平骨盆、畸形等。
2. 估计胎儿体重超过 3500g 以上者。
3. 宫口未开全者。

【评估】

1. 评估受术者的适应证和是否存在禁忌证。
2. 受术者知情并签署同意书。
3. 评估受术者的身心状态和合作程度。

【操作准备】

1. 护士准备 换洗手衣裤，戴口罩、帽子，洗手，穿手术衣。
2. 用物准备
（1）产包1个、会阴切开缝合包1个、新生儿复苏抢救所需用品。
（2）向产妇及家属讲述臀位助产手术的必要性，使产妇主动配合手术，签署知情同意书。

【实施】

1. 术前准备 排空膀胱，取膀胱截石位，常规消毒外阴、导尿及铺巾；阴道检查了解产道有无畸形、宫颈口是否开全、臀位的类型、先露部下降的情况。

2. 堵臀 主要用于完全或不完全臀先露。腿直臀位在分娩过程中不必堵阴道口。见胎儿下肢露于阴道口时，即用一消毒巾盖住阴道口，并用手堵住。每次宫缩时以手掌抵住，防止胎足早期脱出。这样反复宫缩可使胎臀下降，充分扩充阴道，直至产妇向下屏气强烈，手掌感到相当冲力时，即准备助产（图11-2）。

3. 行一侧或双侧阴部神经阻滞麻醉；初产臀位或会阴较紧的经产妇，待宫口开全，会阴膨起，胎儿粗隆间径已达坐骨棘以下，宫缩时逼近会阴时，作会阴切开。

图11-2 堵臀

4. 娩出臀部 然后趁一次强宫缩时嘱产妇尽量用力，术者放开手，胎臀及下肢即可顺利娩出。胎臀娩出后，术者以治疗巾包裹胎臀，双手拇指放在骶部，其余各指握持胎髋部，随着宫缩轻轻牵引并旋转，使骶部边下降边转至母体正前方，以利双肩进入骨盆入口。

5. 娩出肩部 当脐部娩出时，术者将脐带轻轻向外拉出数厘米，以免继续牵引时过度牵拉。继续向外、向下牵引胎儿躯干的同时，徐徐将胎背转回原侧位，以使双肩径与骨盆出口前后径一致。于耻骨联合下可见腋窝时即可用下述方法之一娩出胎肩。①旋转胎体法（骶右前为例）：术者双手握住胎儿髋部，将胎体向逆时针的方向旋转，同时略向下牵引，使前肩及前臂自耻骨弓下娩出，再将胎体向顺时针方向旋转，将另一肩及上肢娩出。胎手上举者，也可用此法处理。②滑脱法：手术者双手握住胎儿双足，向前上方提起，使后肩显露于会阴部，左手食、中指伸入阴道内，按压后上肢肘部，使之自胎儿前胸滑出，然后将胎体放低，前肩及上肢自耻骨弓下方娩出（图11-3）。

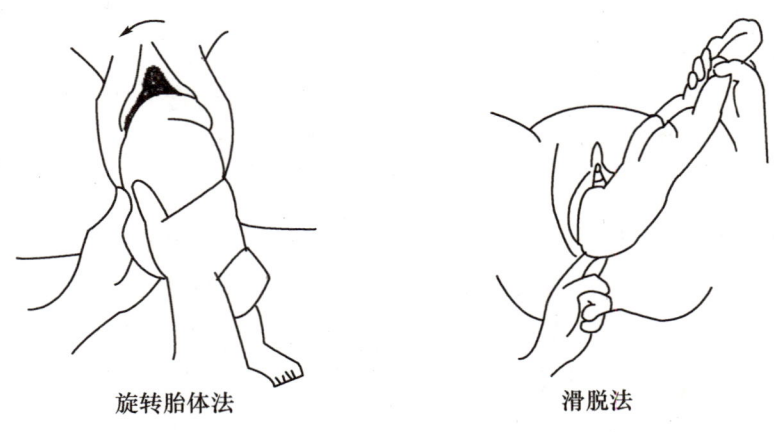

旋转胎体法　　　　　滑脱法

图 11-3　上肢娩出法示意图

6. 娩出胎头　当胎肩及上肢全部娩出后，要及时将胎背转向前方，使胎体骑跨于术者左前臂上，同时左手中指伸入胎儿口内，食指与无名指分别扶于胎儿颌骨上；右手中指压低胎儿枕骨使胎头俯屈，食指与无名指置于胎儿两锁骨上（切勿放于锁骨上窝，避免损伤臂丛神经），术者两手协作，向下牵拉，此时助手可从产妇耻骨联合上方经腹壁向下施加压力，以使胎头俯屈。当胎儿枕骨粗隆抵达耻骨弓下方时，可以此为支点，将胎体逐渐上抬，使胎儿下颌、面部相继娩出。如胎头娩出困难，可使用后出胎头产钳助产（图11-4）。

【护理配合】

1. 术前护理　让产妇和家属了解臀位助产手术的必要性、操作过程及对母儿的影响，取得其配合。做好新生儿抢救的准备工作，鼓励产妇进食，保持良好的产力。

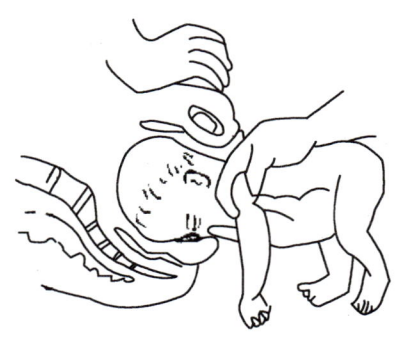 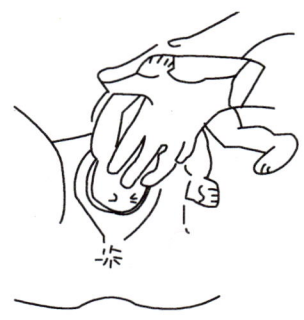

图 11-4　胎头娩出法

2. 术中护理　关心产妇，减轻其心理压力，指导产妇配合手术，促使胎儿尽快娩出；严密观察宫缩及胎心音，发现异常及时报告医生并协助处理；注意保护会阴。

3. 术后护理

（1）产妇护理：加强产后 2 小时和 24 小时观察；宫颈或阴道裂伤，应配合缝合；注意宫缩及阴道流血情况，发现异常及时报告医生处理；加强会阴部护理，防止产后感染。

（2）新生儿护理：密切观察新生儿有无骨折、臂丛神经损伤、颅内出血等；新生儿按手术产儿加强护理。

【评价】

1. 手术操作是否规范，手术经过是否顺利。
2. 术前、术中、术后护理操作是否规范。

【健康教育】

1. 做好术前沟通，产妇及家属知情并签署同意书。
2. 术中指导产妇正确使用腹压，主动配合手术。
3. 指导产妇术后护理及新生儿护理。

【注意事项】

1. 臀位助产过程中必须按臀位分娩机制进行；牵引时要用力均匀，以防胎儿损伤。

2. 堵臀时间不够，可使宫颈阴道扩张不充分，臀部未降至盆底，此时进行臀位阴道助产，可造成胎儿损伤及胎体胎头娩出困难。反之，堵臀时间过长，宫颈及阴道早已充分扩张，胎臀已达盆底，如继续阻止娩出，会造成宫缩过强，胎盘缺血、缺氧而使胎儿窒息，严重时可使子宫下段过度扩张而发生破裂。

3. 脐部娩出后，必须在 8 分钟内娩出胎儿，否则脐带受压时间过长可导致胎儿窒息或死亡。

三、臀位牵引术

【目的】

1. 了解臀位牵引术的适应证、禁忌证。
2. 了解臀位牵引术的操作方法及其护理配合。
3. 了解臀位牵引术的注意事项。

【内容】

学习臀位牵引术的操作流程及其护理配合。

【适应证】

1. 胎儿窘迫或脐带脱垂。
2. 产妇有严重合并症如心力衰竭，须立即结束分娩又无剖宫产条件。
3. 第二产程超过两小时而无进展。

【条件】

1. 无头盆不称。
2. 宫口开全。
3. 术者具有臀位牵引术的经验。

【评估】

同臀位助娩术。

【操作准备】

同臀位助娩术。

【实施】

1. 术前准备　同臀位助娩术。
2. 牵引下肢　①胎儿单足或双足已脱露于外阴或阴道内：术者即以手握持牵引。②胎儿双足仍滞留于宫腔内：伸手入宫腔，握持单足或双足牵出。③腿直臀先露：术者用双手食指钩住胎儿双侧腹股沟牵引，使胎臀粗隆间径经过骨盆出口前后径娩出，下肢随胎臀逐渐娩出。如勾臀失败，可采用 Pinard 手法牵引胎足，即伸入宫腔之手沿一侧股部达腘窝，用手按压腘窝使下肢屈曲，握住胎足向下牵引，臀部及另一下肢便随之被牵出。注意开始应牵引位于前方的胎足，以保持胎位呈骶前位。如果位于前方的下肢屈曲困难，亦可先牵引后方的胎足，但随之即取另一足，然后牵双足向下，并在牵引过程中旋转成骶前位。
3. 娩出胎肩和胎头　同臀位助娩术。

【护理配合】

同臀位助娩术。

【评价】

同臀位助娩术。

【健康教育】

同臀位助娩术。

【注意事项】

本手术常在紧急情况下施行，产道多未充分扩张，对母子有较大的危险，因此指征明确方可施术。其他同臀位助娩术。

实训十二　会阴切开缝合术

阴道分娩时切开会阴，目的在于避免会阴严重裂伤，减少会阴阻力，以利于胎儿娩出，缩短第二产程，多用于初产妇。常用的方式有：斜侧切开及正中切开两种。

【目的】

1. 掌握会阴切开缝合术的适应证。
2. 掌握会阴切开缝合术的方法及注意事项。

【内容】

学习会阴切开缝合术的操作流程及护理配合。

【适应证】

1. 会阴过紧或胎儿过大，估计分娩时会阴撕裂难以避免者。
2. 初产妇阴道助产术，如产钳术、胎头吸引术及足月臀位助产术。
3. 缩短第二产程，如产妇患有心肺疾病或重度妊娠期高血压、胎儿宫内窘迫。
4. 第二产程过长。
5. 早产儿为预防颅内出血。

【评估】

评估产妇的生命体征、病情、会阴阴道情况及胎儿情况。

【操作准备】

1. 助产士准备　着装整洁，洗手，戴口罩、帽子。
2. 用物准备　接生用人体模型、会阴切开缝合包1个（弯盘1个、会阴侧切剪1把、弯止血钳4把、布巾钳4把、持针钳1把、大孔巾1块、治疗巾

4块、纱布10块、10ml注射器1个、长穿刺针头1个)、0.5%利多卡因10ml、1号丝线1包,2/0圆缝合针可吸收线1根、三角缝合针1个或3/0角针可吸收线1根。会阴侧切剪如图12-1。

3. 环境准备 调节室温、注意保暖。

4. 向产妇解释会阴侧切术的目的、方法、注意事项及配合要点。

5. 做好产妇的心理护理。

【实施】

1. 嘱产妇取膀胱截石位或仰卧屈膝位,常规冲洗、消毒、铺巾。

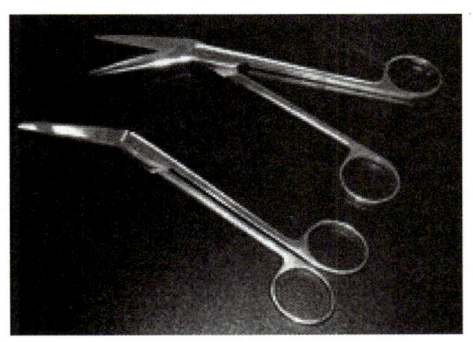

图 12-1 会阴侧切剪

2. 麻醉 0.5%利多卡因10~20ml作局部浸润麻醉或阴部神经阻滞麻醉(图12-2、图12-3)。

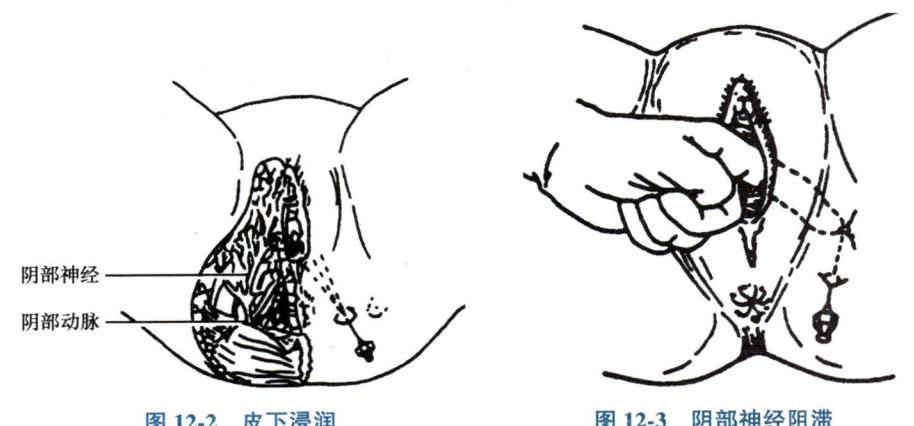

图 12-2 皮下浸润　　　　图 12-3 阴部神经阻滞

3. 切口

(1) 会阴左侧后-侧切开术:行阴部神经阻滞及局部浸润麻醉生效后,术者于宫缩时以左手示、中两指深入阴道内,撑起左侧阴道壁,右手用钝头直剪自会阴后联合中线向左侧45°(会阴高度膨隆为60~70°)剪开会阴,长4~5cm(图12-4)。切开后用纱布压迫止血,如有小动脉出血应钳夹结扎止血,胎盘娩出后即刻缝合。估计在切开后5~10分钟内胎儿即可娩出时切开为宜。

(2) 会阴正中切开术:局部浸润麻醉后,术者于宫缩时沿会阴后联合正

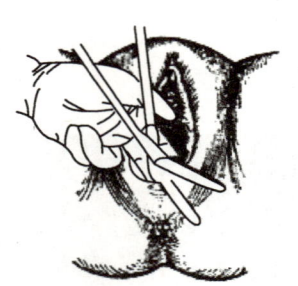 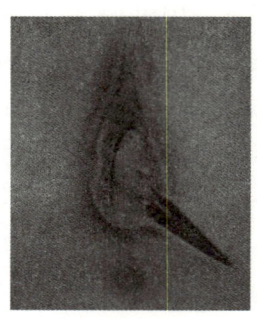

图 12-4　会阴侧斜切开

中垂直剪开 2cm，注意阴道黏膜与皮肤切口长度应一致（图 12-5）。此法优点为剪开组织少、出血不多、术后组织肿胀及疼痛轻微、切口愈合快；缺点为切口有自然延长撕裂至肛门括约肌的危险。胎儿大、接产技术不熟练者不宜采用。

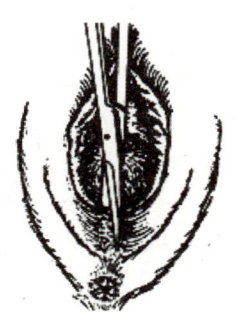 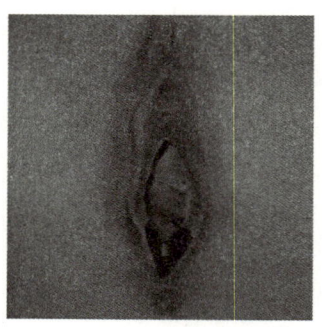

图 12-5　会阴正中切开

4. 接生（略）

5. 缝合会阴侧切口　缝合会阴切口应在胎盘娩出后进行。如有宫颈裂伤等也需先缝合宫颈裂伤处，最后缝合会阴侧切口。方法是：阴道内填塞一带尾纱布卷使手术视野清楚，便于缝合。先用 2/0 圆针可吸收线间断或连续缝合阴道黏膜，从阴道切口最顶端上 0.5cm 开始，达处女膜环处。再用 2/0 圆针可吸收线间断或连续缝合肌层。最后用 1 号丝线间断缝合皮下脂肪及皮肤，或用 3/0 可吸收线作皮内缝合。

6. 结束　术毕检查解剖层次是否对合良好，要对合整齐，不留死腔。注意取出阴道内纱布团，常规肛诊，检查有无缝线穿透直肠黏膜，如有应将穿过的缝线拆除，重新缝合。

【评价】

1. 产妇要求得到满足。
2. 手术操作规范，手术经过顺利。

【健康教育】

1. 做好术前咨询，产妇知情同意并签字。
2. 告知产妇配合手术，在手术过程中如有不适，及时告诉医护人员。

【注意事项】

1. 保持会阴部清洁，每日用 0.5% 碘伏消毒 2 次，便后及时清洗。
2. 如会阴部疼痛厉害，局部有肿胀、发红、皮肤温度高，要考虑是否有会阴切口感染。
3. 产后取右侧卧位，避免恶露污染会阴部切口。

实训十三　胎头负压吸引术

胎头吸引术是用特别的吸引装置置于胎头的先露部,形成负压吸住胎头后,协助牵引娩出胎儿的手术。它是处理难产最常见的一种助产手术。胎头吸引术简单、方便、易掌握。

胎头吸引器由吸头器、橡皮导管及抽气装置三部分组成。最早使用的是直形空筒胎头吸引器(图13-1),以后发展到牛角形空筒胎头吸引器(图13-2),目前主要用硅胶胎头吸引器。比较先进的是美国库伯公司生产的吸引器(图13-3)。

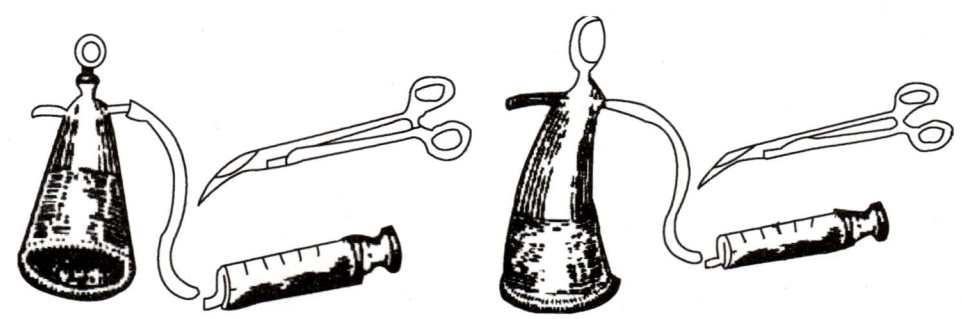

图13-1　直形空筒胎头吸引器　　　　图13-2　牛角形空筒胎头吸引器

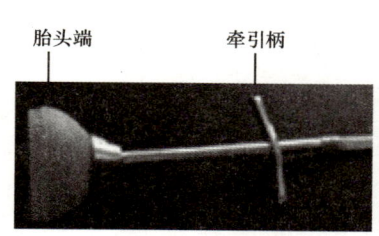

图13-3　硅胶胎头吸引器

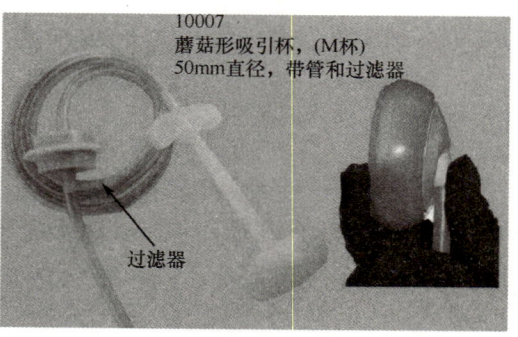

图13-4　美国库伯公司生产胎头吸引器

【目的】

1. 掌握胎头吸引术的适应证、禁忌证。
2. 掌握胎头吸引术的操作方法及其护理配合。
3. 熟悉胎头吸引术的注意事项。

【内容】

学习用胎头吸引器进行阴道助产的操作流程及护理配合。

【适应证】

1. 宫缩乏力，第二产程延长者。
2. 母婴合并症需缩短第二产程者，如妊娠期高血压疾病、心脏病、胎儿窘迫等。
3. 曾有剖宫产史或子宫壁有瘢痕者。
4. 轻度头盆不称，胎头内旋转受阻者。
5. 胎儿窘迫，需快速结束产程者。

【禁忌证】

1. 明显的头盆不称，胎儿不可能经阴道分娩者。
2. 软产道异常，如先天畸形，子宫脱垂术后，尿瘘修补术后等。
3. 异常胎位，如颜面位、额位、横位等。
4. 臀位后出胎头。

【条件】

1. 顶先露、活胎。
2. 无头盆不称。
3. 宫口开全、双顶径在坐骨棘水平以下，先露已达阴道口。
4. 胎膜已破。
5. 有一定强度的子宫收缩。

【评估】

1. 评估产妇的适应证，是否存在禁忌证。

2. 产妇知情并签署同意书。

3. 评估产妇的身体状况及合作程度。

【操作准备】

1. 护士准备　换洗手衣裤，戴口罩、帽子，洗手，穿手术衣。

2. 用物准备　会阴切开缝合包 1 个、胎头吸引器 1 个、润滑剂、止血钳 1 把、治疗巾 2 块、纱布 4 块、50ml 注射器 1 个、新生儿抢救所需用品（吸引器 1 台、一次性吸引管 1 条、给氧面罩 1 个、氧气、抢救药品、新生儿保暖用品）。

3. 术前准备

（1）向产妇及家属讲述胎头吸引术的目的和必要性，消除其思想顾虑，使产妇主动配合手术，签署知情同意书。

（2）检查胎头吸引器是否损坏、漏气、橡皮套是否松动，并将橡皮管接在吸头器的空心管柄上，连接负压装置。

【实施】

1. 产妇取膀胱截石位，常规消毒铺巾、导尿排空膀胱。

2. 行阴道检查，排除头盆不称等禁忌证，胎膜未破者予以破膜。

3. 行一侧阴部神经阻滞麻醉。初产妇或会阴过紧者行会阴侧切术。

4. 放置胎头吸引器　左手食、中指撑开阴道后壁，右手持涂好润滑油的吸引器，沿阴道后壁进入，再以左手食、中指掌面往外拨开右侧阴道壁，使开口端侧缘滑入阴道内，然后手指向上撑起阴道前壁，使胎头吸引器从前壁进入，最终以右手食、中指撑起左侧阴道壁，整个胎头吸引器滑入阴道内，使边缘与胎头贴紧。以右手食指沿吸引器检查一周了解吸引器是否紧贴头皮，有无阴道壁及宫颈组织夹于吸引器及胎头之间，检查无误后调整吸引器横柄，使之与胎头矢状缝方向一致，作为旋转胎头的标记（图 13-5）。

5. 抽吸空气形成负压　有两种抽吸法。①注射器抽吸法：用 50ml 空注射器缓慢抽吸负压约 150～200 ml，钳夹橡皮管。②电动吸引器抽气法：一般情况可选用 50.7kPa（380mmHg）负压（图 13-6）。

6. 牵引　待产瘤形成后，按分娩机转牵引出胎头。在胎头娩出过程中保护好会阴（图 13-7、图 13-8）。

实训十三 胎头负压吸引术　85

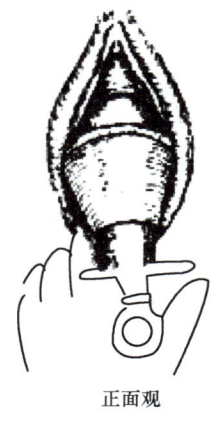
正面观

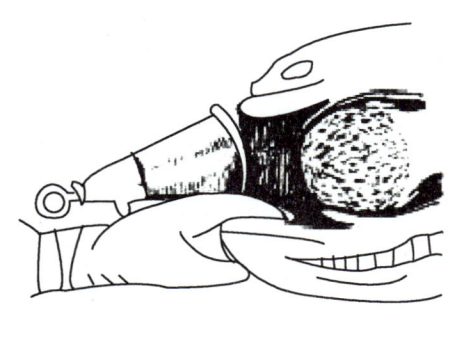
侧面观

图 13-5　放置胎头吸引器

7. 取下吸引器　胎头一经娩出，即应拔开橡皮管或放开气管夹，消除吸头器内的负压，取下吸引器，按正常机转娩出胎头。

【护理配合】

1. 术前护理　向产妇和家属讲述胎头吸引术的目的和必要性，消除其思想顾虑，使产妇主动配合手术。做好新生儿抢救的人员、物品和药品的准备。

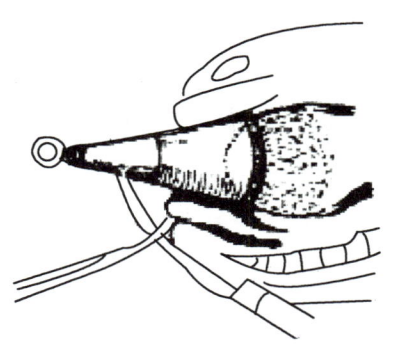

图 13-6　形成负压图

2. 术中护理　提供手术所需物品和器械，指导产妇正确使用腹压，严密观察产程进展，发现异常及时报告医生并协助处理；协助医生抽吸负压，检查胎头吸引器有无漏气，保护会阴。

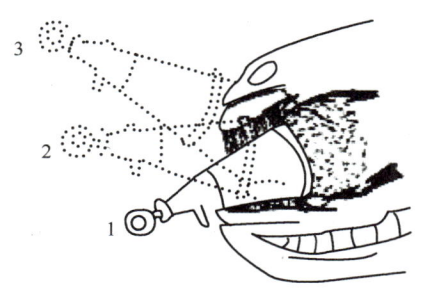

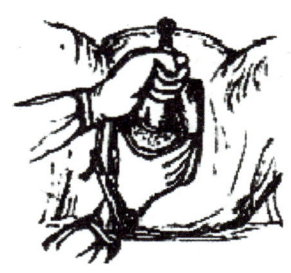

图 13-7　牵引胎头示意图

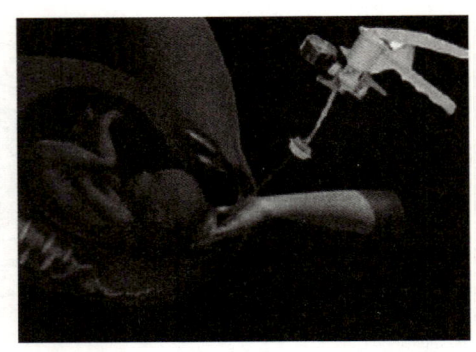

图 13-8　库伯胎头吸引术示意图

3. 术后护理

（1）产妇护理：认真检查产道，如有宫颈或阴道裂伤，应配合缝合；注意宫缩及阴道流血情况，发现异常及时报告医生处理。

（2）新生儿护理：新生儿按高危儿护理，密切观察新生儿面色、反应、肌张力、产瘤位置、有无头皮血肿、颅内出血等；遵医嘱肌内注射维生素K_1，预防新生儿颅内出血。

【评价】

1. 手术操作是否规范，手术经过是否顺利。
2. 术前、术中、术后护理操作是否规范。

【健康教育】

1. 做好术前沟通，产妇及家属知情并签署同意书。
2. 指导产妇正确使用腹压，主动配合手术。
3. 指导产妇术后护理及新生儿护理。

【注意事项】

1. 吸引器的位置必须放置正确，应避开囟门。形成负压后，等待胎头形成产瘤后再牵引。

2. 选择最小有效负压强度。掌握好压力，牵引力不应过大，牵引时间不宜过长。一般主张 10~15 分钟，最长不超过 20 分钟。

3. 抽气必须缓慢，否则所形成的产瘤不易填满吸头器而滑脱。

4. 牵引过程中的滑脱为负压不够或牵引方向不对，牵引滑脱两次者，应改用产钳术。

5. 术后要注意检查软产道，如有损伤及时缝合。

实训十四 产 钳 术

产钳术是应用产钳牵引胎头娩出胎儿的方法，是解决阴道难产的重要手术。

产钳的种类很多，常用的有普通产钳（Simpson 产钳，图 14-1）和吉兰（Kielland 产钳，图 14-2），产钳术是胎头低位及出口娩出困难的良好助产手段。每件产钳分左右两叶，每叶可分为钳匙、钳胫、钳锁、钳柄四部分。第二产程中，当胎头娩出困难时，医生将产钳分别置于胎头两侧，扣合两叶，借助医生臂力、产妇子宫收缩和腹压之力，牵引产钳协助产妇娩出胎头。

图 14-1　Simpson 产钳及其结构

图 14-2　Kielland 产钳

【目的】

1. 掌握产钳术的适应证、禁忌证。
2. 掌握产钳术的操作方法及其护理配合。
3. 掌握产钳术的注意事项。

【内容】

学习产钳术的操作流程及护理配合。

【适应证】

1. 同胎头吸引术。
2. 胎头吸引术失败者。
3. 臀位后出头娩出困难者。
4. 剖宫产后出胎头困难者。

【禁忌证】

1. 明显头盆不称，胎儿不可能经阴道分娩。
2. 软产道异常，同胎头吸引术。
3. 胎位异常，如横位、颜面位中的颏后位等。

【条件】

1. 宫口开全。
2. 无头盆不称。
3. 胎儿存活。
4. 胎膜已破。

【评估】

1. 评估受术者的适应证是否存在禁忌证。
2. 受术者知情并签署同意书。
3. 评估受术者的身心状态及合作程度。

【操作准备】

1. 护士准备　着装整洁，戴口罩、帽子，洗手，穿手术衣。
2. 用物准备　会阴切开缝合包 1 个、产钳 1 把、润滑剂、治疗巾 2 块、纱布若干块、新生儿抢救所需用品。
3. 手术前准备　向产妇及家属讲述产钳术的目的和必要性，消除其思想顾虑，使产妇主动配合手术，签署知情同意书。

【实施】

1. 术前准备同胎头吸引术，行会阴侧切。
2. 模拟产钳主要位置　分清左右钳叶，然后用石蜡油涂钳匙。
3. 放置左叶　手术者以右手掌面四指伸入阴道后壁和胎头之间，左手持左叶钳柄，使钳叶垂直，凹面朝前，将左叶沿手掌面伸入手掌与胎头之间。在右手引导下将钳叶缓缓向胎头左侧及深部推进，将钳叶置于胎头左侧，钳叶与钳柄处于同一水平面上，由助手将钳叶固定（图14-3）。

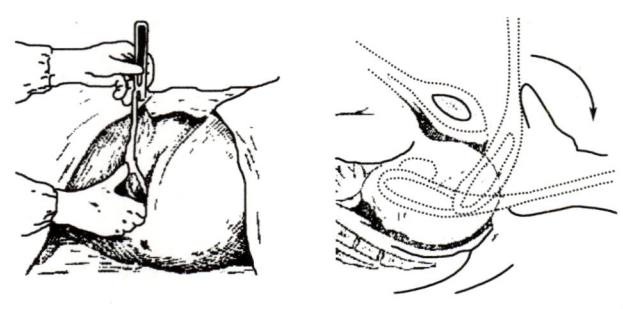

图14-3　放置左叶示意图

4. 放置右叶　手术者右手持右叶柄，左手四指伸入阴道后壁与胎头之间，引导产钳右叶至胎头右侧，达产钳左叶对应位置（图14-4）。

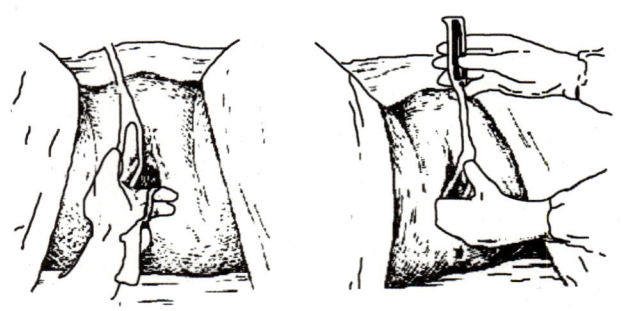

图14-4　放置右叶示意图

5. 合拢产钳　一般情况下，右叶在上，左叶在下，两钳叶柄平行交叉，扣合锁扣，钳柄对合（图14-5）。
6. 检查产钳放置情况　产钳扣合后，须作阴道检查，了解钳叶与胎头之间有无产道软组织或脐带夹入。两钳叶应分别置于胎儿面颊部位，胎头矢状缝应在两钳叶正中。

7. 牵拉　宫缩时术者握住钳柄先向外，稍向下，然后再平行牵拉，当胎头着冠时逐渐将钳柄上提，使胎头仰伸娩出（图14-6）。

8. 取下产钳　当胎头额部牵出后，即松解产钳，并取下产钳。先取下右叶，再取下左叶，应顺胎头缓缓滑出（图14-7）。

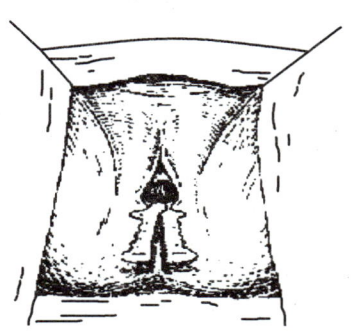

图 14-5　合拢产钳示意图

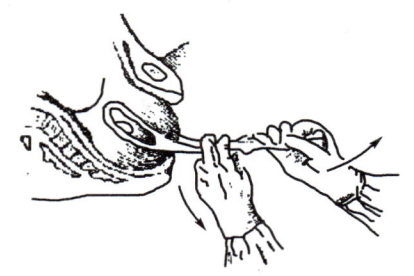 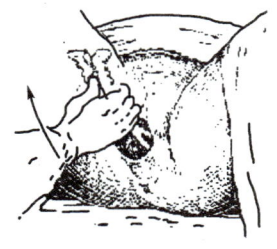

图 14-6　牵拉示意图

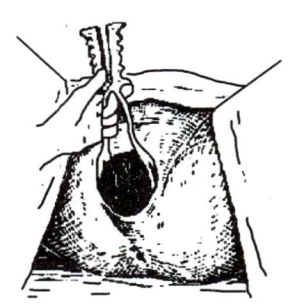 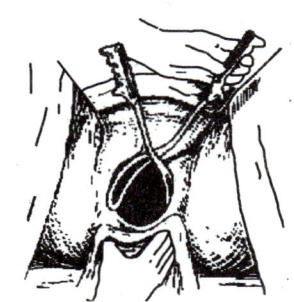

图 14-7　松解、取下产钳示意图

【护理配合】

1. 术前护理　向产妇和家属讲述产钳术的目的和必要性，消除其思想顾虑，使产妇主动配合手术。做好新生儿抢救的人员、物品和药品的准备。

2. 术中护理　提供手术所需物品和器械，指导产妇正确使用腹压，严密观察产程进展，发现异常及时报告医生并协助处理，保护会阴。

3. 术后护理

（1）产妇护理：认真检查产道，如有宫颈或阴道裂伤，应配合缝合；注意宫缩及阴道流血情况，发现异常及时报告医生处理。

（2）新生儿护理：新生儿按高危儿护理，密切观察新生儿面色、反应、肌张力、产瘤位置、有无头皮血肿、颅内出血等；遵医嘱肌内注射维生素K_1，预防新生儿颅内出血。

【评价】

1. 手术操作是否规范，手术经过是否顺利。
2. 术前、术中、术后护理操作是否规范。

【健康教育】

1. 做好术前沟通，产妇及家属知情并签署同意书。
2. 术中指导产妇正确使用腹压，主动配合手术。
3. 指导产妇术后护理及新生儿护理。

【注意事项】

1. 操作应准确、谨慎，查清胎位、产钳位置是否正确，避免产钳术并发症的发生，如软产道损伤、新生儿头面部软组织损伤、颅骨骨折、颅内出血。

2. 正确判断胎头入盆情况，如胎头双顶径在棘上，不应行产钳助产。

3. 牵引时要缓慢、均匀、用力适当，勿将钳柄左右摇摆，牵引困难时应及时查寻原因。

4. 当牵出胎头额部时应立即停止牵引，注意保护会阴，以免切口进一步裂伤。

实训十五　子宫按摩术

【目的】

加强子宫收缩，减少产后出血量，促进子宫复旧。

【内容】

学习按摩子宫的操作流程。

【适应证】

产后子宫收缩乏力。

【评估】

1. 评估产妇出血原因、子宫收缩情况、宫底高度。
2. 评估产妇生命体征。
3. 评估产妇的身心状态及合作程度。

【操作准备】

1. 助产士准备　着装整洁，戴口罩、帽子，洗手；向产妇解释按摩子宫的目的、方法、注意事项及配合要点；做好心理护理。
2. 用物准备　消毒手套。
3. 环境准备　拉上窗帘或用屏风遮挡，减少操作时暴露。

【实施】

1. 腹壁按摩宫底　胎盘娩出后，术者一手置于产妇腹部，触摸子宫底部，拇指在子宫前壁，其余四指在子宫后壁，在下腹部按摩并压迫宫底，挤出宫腔内积血，按摩子宫应均匀而有节律（图15-1）。
2. 腹部-阴道双手压迫子宫法　一手戴无菌手套伸入阴道，握拳置于阴道前穹隆，顶住子宫前壁，另一手在腹部按压子宫后壁，使宫体前屈，两手相对紧压并均匀有节律地按摩子宫（图 15-2）。

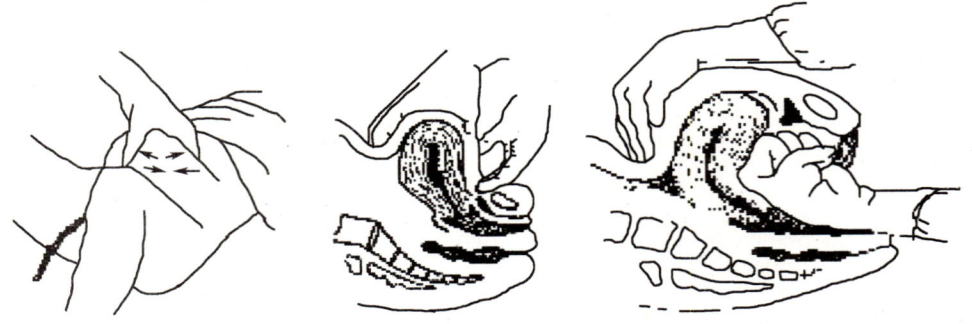

图 15-1　腹壁按摩子宫法　　　　图 15-2　腹壁-阴道按摩子宫法

3. 剖宫产时用腹壁按摩宫底的手法直接按摩子宫。

【评价】

1. 产妇能配合治疗，治疗后子宫收缩良好，出血减少。
2. 医护人员态度温和，沉着冷静。
3. 操作规范，顺利。

【健康教育】

告知产妇操作目的、注意事项及配合方法。

【注意事项】

1. 按摩子宫一定要有效，评价有效的标准是子宫轮廓清楚、收缩有皱褶、阴道或子宫切口出血减少。
2. 按压时间以子宫恢复正常收缩并能保持收缩状态为止，有时可长达数小时，按摩时配合使用宫缩剂。

实训十六　人工剥离胎盘术

【目的】

1. 掌握人工剥离胎盘术的适应证、禁忌证。
2. 掌握人工剥离胎盘术的方法及注意事项。

【内容】

学习人工剥离胎盘术的操作流程及护理配合。

【适应证】

1. 胎盘滞留。
2. 胎儿娩出后，胎盘部分剥离引起子宫活动性出血，经相应处理后仍未完全排出者。

【禁忌证】

胎盘植入不应强行剥离。

【评估】

1. 评估产妇生命体征。
2. 评估产妇的适应证。
3. 评估产妇的身心状态及合作程度。

【操作准备】

1. 助产护士准备　术者更换无菌手术衣及手套；向产妇解释人工剥离胎盘术的目的、方法、注意事项及配合要点。
2. 用物准备　消毒手术衣及手套，0.5%碘伏溶液，缩宫素10U，无菌纱布数块。
3. 环境准备　拉上窗帘或用屏风遮挡，调节室温24~28℃。

【实施】

1. 嘱产妇取膀胱截石位，导尿，消毒外阴，换消毒巾。
2. 术者手能顺利通过宫颈口时，可不用麻醉，如子宫颈内口较紧时，可局部肌注阿托品 0.5mg 及哌替啶 100mg。
3. 术者将一手手指并拢呈圆锥状直接伸入宫腔，手掌面向着胎盘母体面，手指并拢以手掌尺侧缘缓慢将胎盘从边缘开始逐渐自子宫壁分离（图 16-1），另手在腹部协助按压宫底，待确认胎盘已全部剥离方可取出胎盘。取出后立即给予宫缩剂。
4. 检查胎盘胎膜的完整性。

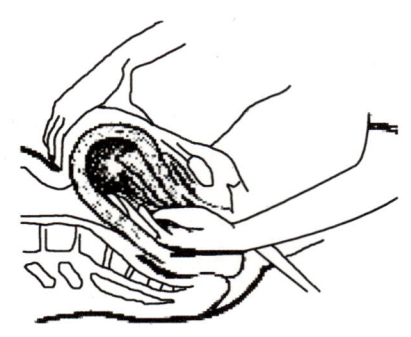

图 16-1　人工剥离胎盘术

【评价】

1. 产妇要求得到满足。
2. 手术操作规范，胎盘取出完整，手术经过顺利。

【健康教育】

1. 做好术前咨询及心理护理。
2. 告知产妇配合手术，在手术过程中如有不适，应及时告诉医护人员。

【注意事项】

1. 术前做好输血输液的准备。
2. 操作必需轻柔，避免暴力强行剥离或用手指抓挖子宫壁，防止子宫破裂。
3. 若找不到疏松的剥离面无法分离者，应考虑胎盘植入，不应强行剥离。
4. 取出的胎盘应立即检查是否完整，若有缺损，应再次徒手伸入宫腔，清除残留胎盘及胎膜，但应尽量减少进入宫腔操作的次数。
5. 术后常规使用子宫收缩剂及抗生素。

实训十七 妇科检查

通过妇科检查可以了解女性生殖器的发育情况，对生殖器病变的部位做出较明确的判断，从而进行护理评估、护理诊断，制定合理的护理措施。

【目的】

熟悉妇科检查的方法及护理配合。

【内容】

学习在妇科检查床上用骨盆模型和窥阴器进行妇科检查操作流程及护理配合。

【评估】

评估受检者的身心状态及合作程度。

【操作前准备】

1. 护士准备

（1）着装整洁，戴口罩、帽子，洗手。

（2）核对、确认患者；尊重和关心体贴患者：态度严肃、语言亲切、动作轻柔，告知检查目的，取得患者的配合。检查时，检查者面向患者，站立在患者两腿之间。检查仔细，动作轻柔。

2. 用物准备　无菌手套、消毒阴道窥器、长镊、鼠齿钳、宫颈刮板、玻片、棉拭子、0.5%碘伏液、生理盐水、石蜡油或肥皂水、臀垫等。

3. 环境准备　拉上窗帘或用屏风遮挡，减少操作时暴露，天气冷时，注意保暖。

4. 患者准备　患者排空膀胱，必要时导尿，大便充盈者应排便或灌肠后再检查。取膀胱截石位（图 17-1）。患者臀部置于床缘，头部略抬高，两手平放于身旁，以使腹肌松弛。

图 17-1　膀胱截石位

【实施】

1. 外阴部检查　观察外阴发育情况，有无畸形、水肿、炎症、肿块及皮肤颜色变化等。然后用右手拇指和食指分开小阴唇，暴露阴道前庭及其尿道和阴道口，注意有无赘生物、前庭大腺是否肥大、处女膜有无闭锁。嘱患者屏气向下用力，观察有无阴道前后壁膨出、子宫脱垂或尿失禁等。

2. 阴道窥器检查　依据患者阴道壁松弛情况，选用适当大小的阴道窥器。用左手食指和拇指分开两侧小阴唇，暴露阴道口，右手持阴道窥器两叶合拢，两叶前端涂润滑剂（石蜡油或肥皂液），斜行沿阴道后侧壁缓慢插入阴道内，边推进边将两叶转平并逐渐张开，直至完全暴露宫颈、阴道壁和穹隆部为止（图 17-2）。取出阴道窥器时，先旋松侧部螺丝。待两叶合拢取出。

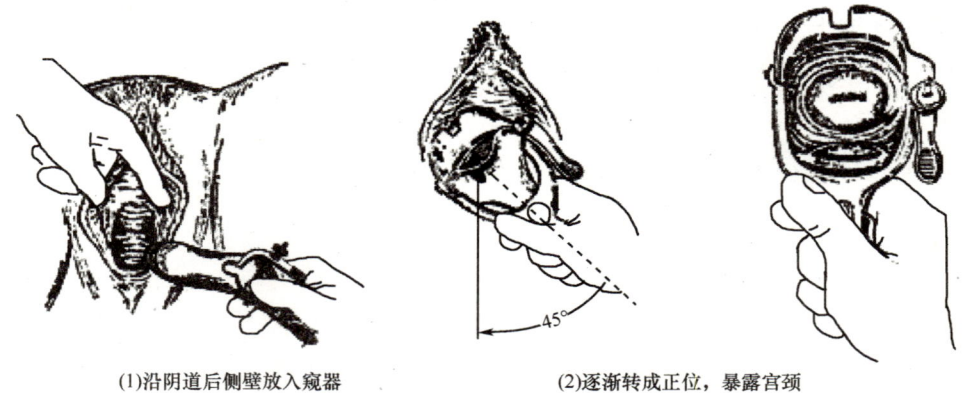

(1) 沿阴道后侧壁放入窥器　　　　(2) 逐渐转成正位，暴露宫颈

图 17-2　阴道窥器检查

（1）检查阴道：观察阴道壁黏膜颜色、皱襞多少，有无溃疡、赘生物或囊肿，有无阴道隔或双阴道等畸形。注意阴道内分泌物的量、性质、颜色、有无臭味。必要时应作涂片或培养找滴虫、假丝酵母菌及线索细胞等。

（2）检查宫颈：暴露宫颈后，观察宫颈大小、颜色、外口形状，有无柱状上皮异位、出血、撕裂、外翻、腺囊肿、息肉等，宫颈管内有无出血或分泌物。此时可行宫颈刮片和宫颈管分泌物涂片和培养。

(3) 双合诊：是盆腔检查中最重要项目。其目的是扪清阴道、宫颈、子宫体、输卵管、卵巢、子宫韧带和宫旁结缔组织、骨盆壁的情况。方法：检查者用右手（或左手）戴消毒手套，食、中两指蘸润滑剂后，轻轻沿阴道后壁插入阴道，检查阴道通畅度和深度，有无先天畸形、瘢痕、肿块；再扪触宫颈大小、形状、硬度及有无接触性出血（即指在妇科检查或性交后，立即有鲜血出现）。如拨动宫颈时患者表现疼痛，称为宫颈举痛。然后将阴道内两指放在宫颈后方向上、向前方抬举宫颈，同时另一手的掌心朝下手指平放在腹部平脐处，与阴道内手指配合向下向后按压腹壁，并逐渐移向耻骨联合，可扪清子宫的位置、大小、形状、硬度、活动度、有无压痛，然后阴道内两指移向一侧穹隆部，另一手从同侧下腹部髂嵴水平开始，从上往下按压，触摸该侧附件有无肿块、增厚、压痛（图17-3）。正常卵巢偶可扪及，正常输卵管不能扪及。

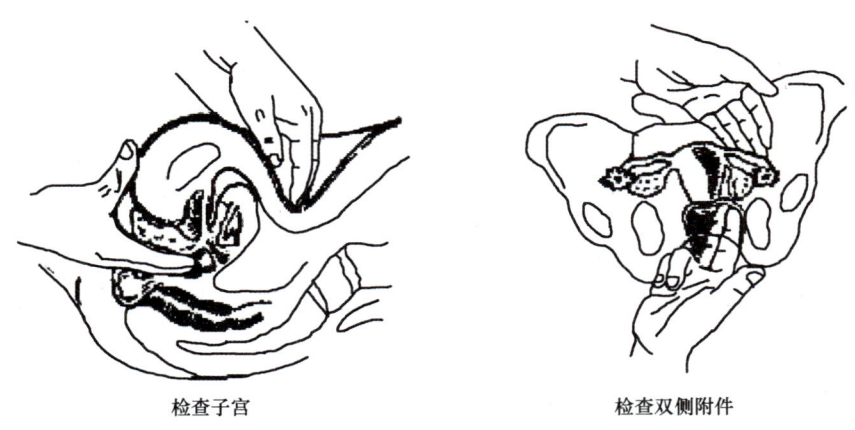

检查子宫　　　　　　　　　　检查双侧附件

图 17-3　双合诊检查

(4) 三合诊：检查者一手食指放入阴道，中指放入直肠，另一手在腹部配合检查。具体检查步骤与双合诊时相同（图17-4）。通过三合诊能扪清后倾或后屈子宫的大小、子宫后壁、直肠子宫陷凹、盆腔后部的病变，估计病变与子宫、直肠的关系，特别是癌肿与盆壁间的关系。

(5) 直肠-腹部诊：检查者一手食指伸入直肠，另一手在腹部配合检查。直肠-腹部诊一般适用于无性生活、阴道异常流血、阴道闭锁或因其他原因不宜行双合诊的患者。

3. 记录　盆腔检查结果按解剖部位先后顺序记录。

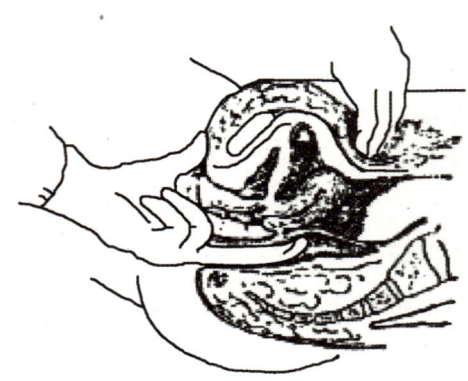

图 17-4 三合诊检查

（1）外阴：发育情况、阴毛分布情况及婚产式（未婚、已婚未产或经产式），有异常情况时应详加描述。

（2）阴道：是否通畅、分泌物量、色、性状、有无臭味。

（3）宫颈：大小、硬度、有无糜烂、撕裂、息肉、腺囊肿。有无接触性出血、举痛等。

（4）宫体：位置、大小、软硬度、活动度、有无压痛等。

（5）附件：有无肿物、增厚或压痛。若扪及肿物，记录其位置、大小、软硬度，表面是否光滑、活动度，有无压痛，与子宫及盆壁关系。左右两侧情况分别记录。

【评价】

1. 患者要求得到满足。
2. 检查操作规范，检查经过顺利。

【健康教育】

1. 做好检查前咨询。
2. 告之患者配合检查，在检查过程中如有不适，应及时告诉医护人员。

【注意事项】

1. 所用物品应消毒，1人1用，臀部下面的垫巾或纸单应1人1换，防止交叉感染。

2. 月经期禁作盆腔检查，但若为阴道异常出血则必须检查，检查前应先消毒外阴，并使用无菌手套及器械，以防发生感染。

3. 对无性生活史患者禁作双合诊和阴道窥器检查。若确有检查必要时，应先取得患者及家属同意后，方可以行肛腹诊。

4. 男医生对患者进行检查时，需有一名女医护人员在场，以减轻患者紧张心理和避免不必要的误会。

5. 对腹壁肥厚、高度紧张不合作者，可采取松弛疗法（深呼吸、交谈）以利于检查。若盆腔检查不满意时，可做 B 超检查或肌注哌替啶后进行盆腔检查，以便作出较正确的诊断。

实训十八　妇科常用护理技术

一、坐　　浴

【目的】

1. 了解坐浴的目的。
2. 掌握坐浴的用物准备及实施方法。
3. 培养学生关心、体贴患者和认真负责的态度。

【内容】

学习坐浴的操作方法。

【适应证】

外阴炎症、阴道炎症。

【禁忌证】

阴道出血、月经期、妊娠期及产后7天内。

【评估】

1. 评估患者病情，常规行妇科检查及阴道分泌物检查。
2. 评估患者的适应证和是否存在禁忌证。
3. 评估患者的身心状态及合作程度。

【操作准备】

1. 护士准备　衣帽整洁，态度和蔼，语言流畅，面带微笑，洗手，戴口罩。

2. 用物准备

（1）用物：坐浴盆1个、30cm高坐浴架1个、无菌纱布2块、水温计1个。

（2）常用溶液：0.5%～1%乳酸溶液、1∶5000高锰酸钾溶液、2%～4%碳酸氢钠溶液、0.02%碘伏溶液、洁尔阴等。

3. 环境准备　室内安静、整洁，光线充足，温度、湿度适宜。

【实施】

1. 备齐用物，携物品至床旁，核对患者床号、姓名，解释坐浴的目的及配合方法，以取得患者的理解和配合。

2. 嘱患者排空膀胱，用屏风遮挡。

3. 根据患者病情（遵医嘱）按比例配制好溶液2000ml，将坐浴盆放于坐浴架上，放置稳妥，检查水温。告知患者将全臀及外阴部浸泡于坐浴液中，一般持续约20分钟，可适当加入热液以维持水温。

4. 坐浴完毕后用无菌纱布蘸干外阴，协助患者穿好衣裤。

5. 整理用物，清洗双手，告知注意事项。

【评价】

1. 清洁局部、促进血液循环，减轻炎症，患者舒适。

2. 沟通流畅、操作规范。

【健康教育】

1. 做好坐浴前咨询，选择好坐浴的水温及坐浴液。

2. 坐浴时需将臀部及全部外阴浸泡在药液中。

3. 坐浴后应告知患者保持会阴清洁卫生，预防感染。

【注意事项】

1. 根据不同的病因选择不同的坐浴液。

（1）滴虫性阴道炎：0.5%～1%乳酸溶液、1%乳酸、1∶5000高锰酸钾溶液。

（2）假丝酵母菌阴道炎：2%～4%碳酸氢钠溶液。

(3) 老年性阴道炎：0.5%~1%乳酸溶液。

(4) 外阴炎、其他非特异性阴道炎：1：5000高锰酸钾溶液、0.02%碘伏溶液、洁尔阴等。

2. 坐浴液严格按比例配制，以免浓度过高造成皮肤黏膜烧伤，或浓度过低影响治疗效果。

3. 根据病情调制水温，水温过高可造成皮肤黏膜烫伤，过低可引起患者不适。根据水温，坐浴可分为三种：①热浴：水温41~43℃，适用于渗出性病变及急性炎性浸润，可先熏后坐，持续20分钟。②温浴：水温35~37℃，适用于慢性盆腔炎或术前准备。③冷浴：水温在14~15℃，刺激肌肉神经，使其张力增加，改善血液循环。用于膀胱阴道松弛及功能性无月经等，持续2~5分钟即可。同时注意保暖，防止受凉。

二、会阴擦洗/消毒

【目的】

1. 了解会阴擦洗/消毒的作用。
2. 掌握会阴擦洗/消毒的用物准备及操作方法。
3. 培养学生关心、体贴患者和认真负责的态度。

【内容】

学习会阴擦洗/消毒的操作方法。

【适应证】

1. 会阴有伤口者。
2. 产后一周内尤其恶露较多者。
3. 妇科手术后留置导尿管者。
4. 会阴、阴道手术前后。
5. 长期卧床，生活不能自理者。
6. 急性外阴炎者。

【评估】

1. 评估患者的会阴部卫生、皮肤情况，有无留置尿管等。
2. 评估患者的身心状态及合作程度。

【操作准备】

1. 护士准备　衣帽整洁，态度和蔼，语言流畅，面带微笑，洗手，戴口罩。
2. 用物准备　妇科检查模型、会阴擦洗（消毒）包1个（内有无菌弯盘2个、无菌干棉球若干及无菌纱布、无菌镊子2把）、一次性手套1副、橡胶中单1块、一次性臀垫1块、0.5%碘伏溶液、治疗车一部、泡镊筒1个、持物钳1个。
3. 环境准备　室内安静、整洁，光线充足，温度、湿度适宜，酌情关闭门窗或屏风，减少操作时暴露。

【实施】

1. 备齐用物置于治疗车上，核对患者床号、姓名，解释会阴擦洗/消毒的目的及配合方法，以取得患者的理解和配合。请室内探视人员回避，关闭门窗拉上窗帘，用屏风遮挡，以保护患者隐私。
2. 嘱患者排空膀胱，遮挡患者，铺好橡胶中单。
3. 协助患者仰卧于检查床，双腿屈曲分开（或取膀胱截石位），充分暴露外阴部，臀下置一次性臀垫。查看外阴消毒包的有效期，打开消毒包，取持物钳，将无菌弯盘放置好，内置无菌干棉球若干，把0.5%碘伏溶液倒入无菌弯盘内，将棉球浸湿。
4. 如在病床上护理，应协助患者取屈膝仰卧位，双腿略外展。铺橡胶中单及一次性臀垫于臀下。脱下近侧裤腿盖在对侧腿上，近侧腿用盖被遮盖，暴露会阴部，注意保暖。将会阴擦洗/消毒包打开后置于患者两腿间。
5. 戴手套。采用双镊操作法，用一把镊子夹取干净药液棉球，用另一把镊子夹住棉球进行擦洗，共3遍。第1遍擦洗遵循自上而下、由外向内的原则，擦洗顺序是：阴阜、大腿内上1/3、大阴唇、小阴唇、会阴体至肛周（图18-1）。
6. 第2、3遍擦洗遵循自上而下、由内向外的原则，如会阴有伤口，则以伤口为中心,由内向外,先擦洗会阴伤口或尿道口,然后依次擦洗小阴唇、大阴唇、阴阜、大腿内上 1/3、会阴、肛周。再用无菌干纱布擦干(图 18-2)。

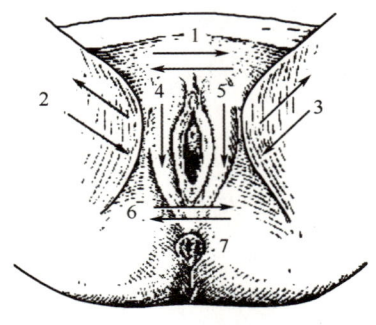 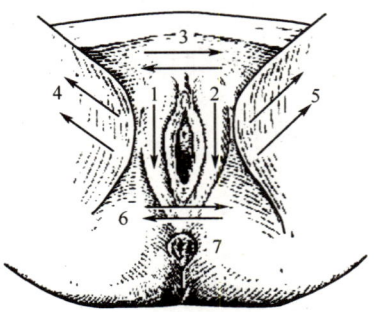

图 18-1　擦洗/消毒第 1 遍顺序　　　图 18-2　擦洗第 2、3 遍顺序

7. 撤去臀下一次性臀垫,协助患者穿好衣裤。
8. 整理用物,清洗双手,告知注意事项。

【评价】

沟通流畅,操作规范,患者无不适,能配合护理。

【健康教育】

对于产后及会阴部手术的患者,每次排便后均应擦洗会阴,以预防感染。

【注意事项】

1. 动作轻柔,操作过程中注意为患者遮挡和保暖。
2. 擦洗时,要注意观察会阴部及会阴伤口周围组织有无红肿、分泌物及其性质和伤口愈合情况,发现异常及时报告医生并记录。
3. 对留置尿管者要注意观察尿管是否通畅,有无脱落、扭曲等。
4. 操作过程中注意无菌原则,消毒的范围不可超过清洁的范围。
5. 注意为患者保暖及保护隐私。

三、阴道灌洗

【目的】

1. 了解阴道灌洗的目的及作用。

2. 掌握阴道灌洗的用物准备及操作方法。

3. 培养学生关心、体贴患者和认真负责的态度。

【内容】

学习阴道灌洗的操作方法。

【适应证】

1. 阴道炎症、慢性宫颈炎的局部治疗。
2. 妇科手术前的阴道准备。
3. 腔内放疗前后常规清洁冲洗。

【禁忌证】

月经期、妊娠期、产褥期、人工流产术后子宫颈口未闭、不规则阴道流血及宫颈活动性出血者。

【评估】

1. 评估患者的会阴部皮肤卫生情况、有无禁忌证。
2. 评估患者的身心状态及合作程度。

【操作准备】

1. 护士准备　衣帽整洁，态度和蔼，语言流畅，面带微笑，洗手，戴口罩。

2. 用物准备

（1）用物：妇科检查模型、消毒灌洗筒1个、橡皮管1根（橡皮管上有控制冲洗压力和流量的调节开关）、灌洗头1个、弯盘1个、窥阴器1个、卵圆钳1把、无菌干棉球、无菌干纱布、一次性手套1副、橡胶中单1块、一次性臀垫1块、水温计1个、输液架1个、0.5%碘伏溶液、治疗车一部、泡镊筒1个、持物钳1个。

（2）常用溶液：0.02%碘伏溶液、生理盐水（41~43℃）、2%~4%碳酸氢钠溶液、1%乳酸溶液、0.5%醋酸溶液、呋喃西林溶液等。

3. 环境准备　室内安静、整洁，光线充足，温度、湿度适宜，酌情关闭门窗或屏风，减少操作时暴露。

【实施】

1. 备齐用物，核对患者床号、姓名，解释引导冲洗/灌洗的目的及配合方法，以取得患者的理解和配合。

2. 嘱患者排空膀胱，协助患者取膀胱截石位。脱去近侧裤腿盖在对侧裤腿上，近侧腿用盖被遮盖，臀下垫橡胶中单、一次性臀垫，放好便盆。

3. 根据患者病情（遵医嘱）配置灌洗液 500~1000ml，将装有灌洗液的灌洗筒挂于床旁输液架上，其高度距离床沿 60~70cm，排除管内空气，试水温（41~43℃）适宜后备用。

4. 操作者戴一次性手套，右手持冲洗头，用灌洗液先冲洗外阴部，然后用左手将小阴唇分开，将灌洗头沿阴道壁方向缓缓插入阴道至后穹隆处，边冲洗边将灌洗头围绕子宫颈上下左右轻轻地移动；或用窥阴器暴露宫颈后再冲洗，边冲洗边转动窥阴器，将整个阴道穹隆及阴道壁冲洗干净后再将窥阴器按下，以使阴道内的残留液体完全流出。

5. 当灌洗液约剩 100ml 左右时，夹住橡皮管拔除灌洗头及窥阴器，再次冲洗外阴部。

6. 扶患者坐在便器上，使阴道内残留液体流出，用无菌干纱布擦干外阴部。

7. 撤去便盆、一次性臀垫及橡胶中单，协助患者穿好衣裤。

8. 整理用物，告知注意事项。

【评价】

沟通流畅，操作规范，患者无不适，能配合护理。

【健康教育】

让患者明白阴道灌洗的作用：清洁阴道，减少阴道分泌物；能促进阴道血液循环，缓解局部充血。

【注意事项】

1. 灌洗筒与床沿的距离不得超过 70cm，以免压力过大，使灌洗液或污物进入子宫腔。

2. 灌洗液温度以 41~43℃ 为宜，温度过低可引起患者不适，温度过高会造成阴道黏膜烫伤。

3. 在灌洗过程中，动作要轻柔，灌洗头不易插入过深，以免损伤阴道壁或宫颈组织。

4. 产后 10 天、妇产科手术 2 周后的患者，若合并阴道分泌物混浊、有异味或阴道伤口愈合不良、黏膜感染坏死等，可用 0.5% 碘伏溶液行阴道消毒。

5. 有禁忌证时不能行阴道灌洗，以免引起上行性感染，必要时可行外阴冲洗。

6. 未婚女性一般不做阴道灌洗。

四、会阴湿热敷

【目的】

1. 了解会阴湿热敷的作用。
2. 掌握会阴湿热敷的用物准备及操作方法。
3. 培养学生关心、体贴患者和认真负责的态度。

【内容】

学习会阴湿热敷的操作方法。

【适应证】

会阴水肿、血肿、伤口硬结及早期感染等。

【禁忌证】

血肿形成的早期、产后 24 小时内。

【评估】

1. 评估患者的会阴部皮肤情况。
2. 评估患者的身心状态及合作程度。

【操作准备】

1. 护士准备　衣帽整洁，态度和蔼，语言流畅，面带微笑，洗手，戴口罩。
2. 用物准备
（1）用物：妇科检查模型、会阴擦洗包1个（内有无菌弯盘2个、无菌镊子2把、无菌纱布若干）、医用凡士林、棉布垫1块、热源（热水袋或电热宝等）、红外线灯、橡胶中单1块、一次性臀垫1块、屏风1个。
（2）常用溶液：煮沸的50%硫酸镁溶液、95%酒精等。
3. 环境准备　室内安静、整洁，光线充足，温度、湿度适宜，酌情关闭门窗或屏风，减少操作时暴露。

【实施】

1. 备齐用物，携物品至床旁，核对患者床号、姓名，解释会阴湿热敷的目的及配合方法，以取得患者的理解和配合。
2. 用屏风遮挡，嘱患者排空膀胱，取屈膝仰卧位，双腿略外展，脱下近侧裤腿盖在对侧腿上，近侧腿用盖被遮盖，暴露会阴热敷处，臀下垫橡胶中单及一次性臀垫。
3. 先行会阴擦洗，清洁外阴污垢，用干纱布擦干。
4. 热敷部位先涂一薄层凡士林，盖上纱布，再轻轻敷上浸有热敷溶液的温纱布，外面覆盖棉布垫保温。
5. 一般3~5分钟更换热敷垫一次，热敷时间约为15~30分钟，也可用热源袋放在棉垫外或使用红外线灯照射，照射距离为20cm。
6. 热敷完毕，移去敷布，观察热敷部位皮肤情况，用纱布擦净皮肤上的凡士林，撤去一次性臀垫及橡胶中单。协助患者穿好衣裤，整理床单。
7. 整理用物，清洗双手，告知注意事项。

【评价】

沟通流畅、操作规范、患者舒适。

【健康教育】

让患者明白会阴湿热敷的作用：促进阴道血液循环，减轻水肿，有助于脓肿的局限，刺激局部组织的生长和修复。

【注意事项】

1. 会阴湿热敷的温度一般为 41~48℃。热敷过程中注意观察患者的反应，对休克、昏迷、术后皮肤不敏感者，应密切观察皮肤颜色，定期检查热源袋的完好性，防止烫伤。

2. 每次热敷面积不超过病灶面积的 2 倍。

3. 热敷的过程中，要随时评价患者的热敷效果，记录湿热敷部位、时间和效果，必要时提供相应的生活护理。

4. 有伤口者，须用无菌技术处理伤口。

五、阴道及宫颈上药

【目的】

1. 了解阴道及宫颈上药的作用。
2. 掌握阴道及宫颈上药的用物准备及操作方法。
3. 培养学生关心、体贴患者和认真负责的态度。

【内容】

学习阴道及宫颈上药的操作方法。

【适应证】

各种阴道炎、宫颈炎、全子宫切除术后阴道残端炎症的局部治疗。

【禁忌证】

月经期、子宫出血者。

【评估】

1. 评估患者的阴道或宫颈病变的情况。
2. 评估患者的身心状态及合作程度。

【操作准备】

1. 护士准备　衣帽整洁，态度和蔼，语言流畅，面带微笑，洗手，戴口罩。
2. 用物准备

（1）用物：妇科检查模型、阴道灌洗用物1套、窥阴器1个、长短镊子各1把、无菌干棉球、无菌长棉签、带尾线大棉球或纱布、一次性无菌手套1副、橡胶中单1块、一次性臀垫1块。

（2）常用药物：①片剂或栓剂：甲硝唑片、双唑泰栓、保妇康栓等；②溶液：20%~50%硝酸银溶液、1%甲紫溶液；③粉剂：消炎止血粉、抗生素等；④软膏：雌激素软膏等。

3. 环境准备　室内安静、整洁，光线充足，温度、湿度适宜。

【实施】

1. 备齐用物，核对患者床号、姓名，解释阴道或宫颈上药的目的及配合方法，以取得患者理解和支持。
2. 嘱患者排空膀胱，协助患者仰卧于检查床，取膀胱截石位或仰卧位，脱去近侧裤腿盖在对侧腿上，近侧腿用盖被遮盖，暴露会阴，臀下垫橡胶中单及一次性臀垫。
3. 上药前先行阴道灌洗或擦洗，用窥阴器暴露阴道、宫颈后，用无菌干棉球擦去宫颈及阴道后穹隆、阴道壁黏液或炎性分泌物，以使药物直接接触炎性组织而提高疗效。
4. 根据病情和药物的性状可采用以下四种方法。

（1）涂擦法：适用于液体或软膏状药物。用长棉签蘸取药液，均匀涂抹在阴道或宫颈病变处。

（2）喷洒法：用喷洒器将药粉直接喷洒在病变部位。

（3）宫颈棉球上药法：适用于粉剂。将药粉撒于带线大棉球上，暴露宫颈后将棉球顶塞于宫颈部，然后退出窥阴器，线尾留在阴道口外。嘱患者在术后12~24小时自行牵引尾线将棉球取出。

（4）纳入法：栓剂、片剂、丸剂可由操作者戴无菌手套后直接放于阴道后穹隆处。也可指导患者自行放置：临睡前洗净双手或戴指套，用一手食指将药片或栓剂向阴道后壁推进至食指完全伸入为止。

5. 上药结束后,协助患者穿好衣裤。

6. 整理用物,清洗双手,记录并告知患者注意事项。

【评价】

沟通流畅、操作规范、患者舒适。

【健康教育】

1. 让患者明白使药物直接作用于局部治疗各种阴道炎、宫颈炎的效果显著。

2. 根据病情,阴道及宫颈上药一般每日1次,7~10天为1个疗程。

【注意事项】

1. 应用非腐蚀性药物时应转动窥阴器,使阴道四壁均能涂上药物。

2. 应用腐蚀性药物时,要注意保护好阴道壁和正常的组织,上药时应将干棉球或纱布垫于阴道后壁及阴道后穹隆,药液只涂宫颈病灶局部,避免药液下流灼伤正常组织,药液涂好后,立即如数取出所垫棉球或纱布。

3. 棉签上的棉花应捻紧,涂药时向同一方向转动,以免棉花落入阴道内难以取出。

4. 经期或阴道流血者不宜进行阴道内上药。

5. 未婚女性上药时不能使用窥阴器,应使用长棉签涂药。

实训十九　宫内节育器的放置和取出术

宫内节育器（IUD）是我国育龄妇女使用最多的避孕方法，其优点是安全、高效、经济、简便，一次放置可长期避孕，而且取出后生育力即可恢复。目前 IUD 一般分为两类，即：惰性宫内节育器（第一代），因其带器妊娠和脱落率较高，1993 年已经逐渐淘汰；活性宫内节育器（第二代）分为含铜 IUD 和含药 IUD 两类。大量的实践和研究工作都充分表明，IUD 的避孕原理是干扰了子宫内膜的生理状态，阻碍了胚泡的着床和发育。

一、宫内节育器的放置术

【目的】

1. 掌握宫内节育器放置术的适应证、禁忌证及放置时间。
2. 掌握宫内节育器（T 环）的放置方法及其护理配合。
3. 熟悉宫内节育器放置后的注意事项。

【内容】

学习用妇女计划生育模型和上环手术包进行宫内节育器（T 环）的放置术的操作流程及护理配合。

【适应证】

已婚育龄期妇女无禁忌证者。紧急避孕。

【禁忌证】

1. 生殖器官的各种炎症。
2. 生殖器官肿瘤。
3. 月经频发或过多及不规则出血者。

4. 宫腔大于 9cm 或小于 5.5cm 者。

5. 严重的全身性疾病。

6. 子宫颈内口过松或严重子宫脱垂者。

7. 子宫畸形者。

【放置时间】

一般以月经干净后 3~7 天为宜；哺乳期妇女排除早孕后；产后满 3 个月或已来月经子宫恢复正常者；人工流产术后。宫腔小于 10cm 者；剖宫产后 6 个月；自然流产或中期引产恢复月经后。

【评估】

1. 评估受术者生命体征。常规行妇科检查及阴道分泌物检查。

2. 评估受术者的适应证和是否存在禁忌证。

3. 受术者知情并签署同意书。

4. 评估受术者的身心状态及合作程度。

【操作准备】

1. 护士准备　着装整洁，戴口罩、帽子，洗手。语言温和、态度和蔼。

2. 用物准备　妇女计划生育人体模型、上环手术包、已消毒备用的宫内节育器若干、消毒巾若干、消毒弯盘，碘伏溶液、无菌镊、无菌棉球若干、无菌纱布若干、橡胶垫单 1 块、消毒治疗巾若干，一次性会阴垫 1 块、消毒手套 2 副、消毒阴道窥器 1 个、阴道灌洗器等。

3. 环境准备　拉上窗帘或用屏风遮挡，减少操作时暴露。

【实施】

1. 常规消毒外阴，并作阴道冲洗。

2. 行阴道检查，复查子宫大小、位置、倾斜度及附件有无异常。

3. 戴无菌手套，铺无菌孔巾，摆好器械。

4. 放入阴道窥器，暴露宫颈，用碘伏消毒宫颈及阴道穹隆。

5. 用宫颈钳钳夹宫颈前唇或后唇，向外牵拉，如子宫过度屈曲则尽量向外牵拉使宫体呈水平位。

6. 用子宫探针测宫腔深度，按医嘱和宫腔情况选放不同种类的节育环，将要放入的节育器出示给受术者过目后再放置。

7. 若宫颈口过紧的患者，用宫颈扩张器顺号扩张，一般扩张至 5~6 号。

8. 将 T 环双横臂轻轻下折，并将双横臂远端插入放置套管内，将套管上的限位器上缘移至宫腔深度的位置。

9. 将带 IUD 的放置器沿宫腔方向，送至宫底后，固定内芯，后退放置套管使 IUD 的横臂脱出套管。

10. 再将套管上推 IUD 并稍待片刻，使 IUD 处在宫底部。

11. 先取出内芯，然后缓缓退出放置套管。

12. 测量阴道内尾丝长度，以核对 IUD 是否放置到位（阴道内尾丝长度＝尾丝总长度+IUD 长度−宫腔深度）。

13. 在宫颈外口 1.5~2cm 处剪去多余尾丝。记录留置尾丝长度。

【护理配合】

1. 术前护理　①自我介绍，核对、确认受术者及手术名称；②了解受术者是否知情并是否签署同意书；③做妇科检查及阴道分泌物检查；测体温、血压、脉搏。如体温超过 37.5℃暂不行放置术；④向受术者解释宫内节育器放置术的方法、注意事项及配合要点；⑤嘱术前排空膀胱。

2. 术中护理　嘱受术者取膀胱截石位，为其穿上单腿裤并保暖。检查手术包的有效灭菌日期，并逐层铺开放置合理。按医嘱钳取碘伏棉球数个，放于弯盘和药杯内。站立于受术者右侧，嘱患者慢慢深呼吸，以分散受术者注意力，减缓其焦虑的情绪。在手术过程中密切观察受术者神态、脸色及主诉症状，必要时测脉搏、血压及时给予吸氧，注意有无人流综合征表现，并及时通知手术医生，并遵医嘱协助医生手术。

3. 术后护理　扶受术者起床到观察室休息半小时，观察并给予安慰。

【评价】

1. 受术者要求得到满足。
2. 手术操作规范。手术经过顺利。

【健康教育】

1. 做好术前咨询，受术者知情并签署同意书。

2. 告之受术者配合手术，在手术过程中如有不适，应及时告诉医护人员。

【注意事项】

1. 上环前应作妇科检查和阴道分泌物检查，做好术前咨询。
2. 告知受术者注意事项
（1）术后休息2日，1周内不做重体力劳动。
（2）术后2周内避免房事和盆浴，保持外阴清洁。
（3）放置宫内节育器后可能出现少量阴道出血和下腹不适感，属正常现象，不必焦虑。但如有流通有显增多超过月经量、严重腹痛、白带增多、有异味、发热等情况时应随时就诊。
（4）放置后3个月内尤其在月经或大便时，应注意宫内节育器是否脱出。
（5）定期复查对保证宫内节育器的避孕效果是很重要的。告知放置IUD的种类、使用年限、随访时间，术后1个月随访，以后每年随访1次，直到取出或停用，特殊情况随时就诊。

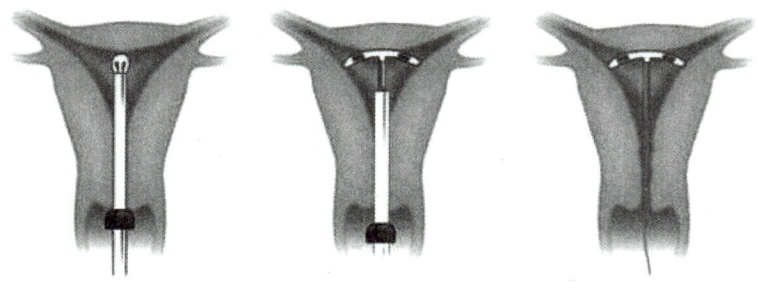

图 19-1　送环入宫腔及安置妥当后示意图

二、宫内节育器的取出术

【目的】

1. 掌握宫内节育器的取出术的技能及护理配合。
2. 掌握宫内节育器取出术的适应证、禁忌证及取出时间。

【内容】

学习用妇女计划生育模型和取环手术包进行宫内节育器（圆环）的放置

术的操作流程及护理配合。

【适应证】

1. 放环 5~10 年以上要求更换新环者。
2. 有不规则阴道流血或其他症状经治疗无效者。
3. 希望再生育者，或绝育后 1 年。
4. 副作用较重，更改换避孕方法者。
5. 绝经后 6 个月至 1 年。

【禁忌证】

1. 全身情况不良或处于疾病急性期者暂时不取，待好转后再取。
2. 并发生殖道炎症时，应在抗感染治疗后再取出节育器，情况严重者可积极抗感染的同时取出节育器。

【取出时间】

一般以月经干净后 3~7 天为宜；阴道流血多或伴有感染者可随时取环；带器妊娠者可在人工流产术时取出；妇女绝经半年以上者。

【评估】

1. 术前咨询，了解取器原因，是否有当地政府的相关证明书。受术者知情并签署同意书。
2. 取器前应对 IUD 作定位诊断。尽可能了解 IUD 的种类及在宫内的位置。
3. 评估受术者生命体征。
4. 术前常规行妇科检查及阴道分泌物检查，评估受术者的适应证和是否存在禁忌证。
5. 评估受术者的身心状态及合作程度。

【操作准备】

1. 护士准备　着装整洁，戴口罩、帽子，洗手。
2. 用物准备　妇女计划生育人体模型、取环手术包、已消毒备用的宫内节育器若干、消毒巾若干、消毒弯盘、碘伏溶液、无菌镊、无菌棉球若干、无菌纱布若干、橡胶垫单 1 块、消毒治疗巾若干、一次性会阴垫 1 块、消毒手套 2 副、消毒阴道窥器 1 个、阴道灌洗器等。

3. 环境准备　拉上窗帘或用屏风遮挡，减少操作时暴露。

【实施】

（1）~（5）同放置术手术步骤。

（6）用子宫探针测宫腔深度，同时轻轻探查 IUD 在宫腔内的位置。

（7）根据宫口情况和所放置 IUD 的种类，酌情扩张宫口。

（8）用取环钩钩住 IUD 的下缘轻轻拉出，如遇困难，应扩张宫口，不能强拉。

（9）如有嵌顿、断裂、残留，可在 B 超监测下取出，也可在宫腔镜下取出。

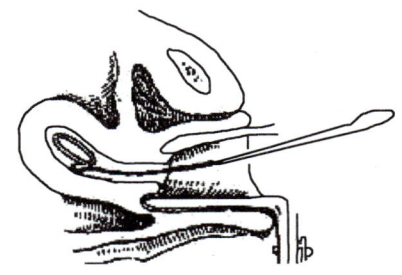

图 19-2　用取环勾送入宫腔

（10）凡取出断裂的节育器，应核对是否完整。

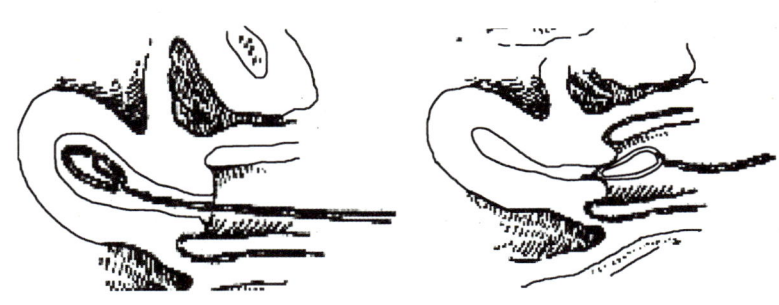

图 19-3　取环勾勾住环　　　图 19-4　将环从宫腔取出

【护理配合】

1. 术前护理　①自我介绍，核对、确认受术者及手术名称；②了解受术者是否知情并是否签署同意书；③做妇科检查及阴道分泌物检查；测体温、血压、脉搏。如体温超过 37.5℃暂不行放置术；④了解受术者取环原因、节育器种类、指导受术者配合手术；⑤嘱术前排空膀胱。

2. 术中护理　嘱受术者取膀胱截石位，为其穿上单腿裤并保暖。检查手术包的有效灭菌日期，并逐层铺开放置合理。按医嘱钳取碘伏棉球数个，放于弯盘和药杯内。站立于受术者右侧，嘱患者慢慢深呼吸，以分散受术者注意力，减缓其焦虑的情绪。在手术过程中密切观察受术者神态、脸色及主诉症状，必要时测脉搏、血压及时给予吸氧，注意有无人流综合征表现，并及时通知手术医生，并遵医嘱协助医生手术。

3. 术后护理　扶受术者起床到观察室休息半小时，观察并给予安慰。

【评价】

1. 受术者要求得到满足。
2. 手术操作规范，将取出的 IUD 实物给受术者过目。手术经过顺利。

【健康教育】

1. 做好术前咨询，受术者知情并签署同意书。
2. 告之受术者配合手术，在手术过程中如有不适，应及时告诉医护人员。

【注意事项】

1. 取环前应作妇科检查和阴道分泌物检查，并用 B 超或透视检查了解环的位置。
2. 告知受术者注意事项
（1）术后休息 1 天，2 周内严禁盆浴和性交，保持外阴清洁。
（2）继续避孕者，需落实避孕措施。

附：各种节育环（图 19-5）

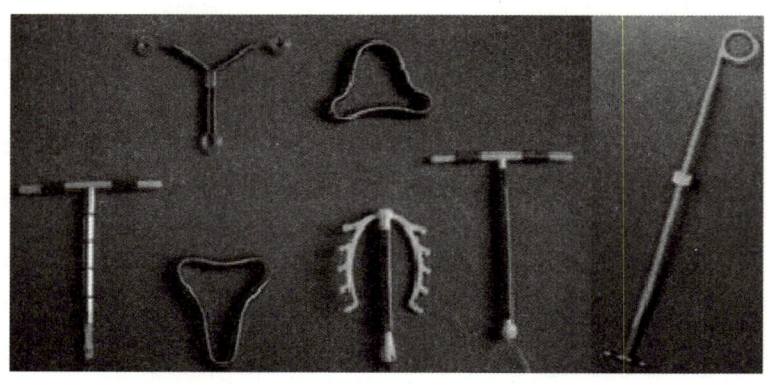

图 19-5　节育环

实训二十　人工流产负压吸引术

人工流产负压吸引术指妊娠 10 周内,采取负压吸引的方法将宫内妊娠组织物吸出,达到终止妊娠的目的的方法。

【目的】

1. 掌握人工流产负压吸引术的适应证、禁忌证。
2. 能对术者进行术前的咨询指导、做好术前、术中及术后的护理。
3. 熟悉负压吸引术的手术步骤。
4. 能对术后患者进行健康指导。

【内容】

学习人工流产负压吸引术的手术配合,学会术前咨询指导及术后健康指导。

【适应证】

1. 因避孕失败,妊娠 10 周以内要求终止妊娠且无禁忌证者。
2. 因各种疾病不宜继续妊娠者。

【禁忌证】

1. 各种疾病的急性期或严重的全身性疾患,需待治疗好转后住院手术。
2. 生殖器官急性炎症。
3. 妊娠剧吐酸中毒尚未纠正。
4. 术前两次体温≥37.5℃。
5. 术前相隔 4 小时两次体温在 37.5℃以上。
6. 3 天之内有性交史者。

【评估】

1. 评估受术者生命体征、心肺功能。常规行体格检查、妇科检查、盆腔

B超检查、尿妊娠试验及阴道分泌物检查。

2. 评估受术者的适应证和是否存在禁忌证。

3. 受术者知情并签署同意书。

4. 评估受术者的身心状态及合作程度。

【操作前准备】

1. 护士准备　着装整洁，戴口罩、帽子，洗手。

2. 用物准备　人工流产模型、治疗床、消毒敷料包（内含洞巾1块、脚套2只、治疗巾1块、敷料数块、棉签2根、无菌手套1副）。无菌人流器械包（内含窥阴器1只、无齿长钳2把、妇科敷料钳1把、宫颈钳1把、探针1根、弯盘1只、药杯1只、5~7号宫颈扩张器1副）、负压吸引器、一次性连接管1根。

3. 环境准备　拉上窗帘或用屏风遮挡，减少操作时暴露。

【实施】

1. 常规消毒外阴，并作阴道冲洗。

2. 行阴道检查，复查子宫大小、位置、倾斜度及附件有无异常。

3. 戴无菌手套，铺无菌孔巾及腿套，铺无菌孔巾，摆好器械。

4. 用阴道窥器暴露宫颈，0.5%碘伏消毒宫颈、阴道。

5. 麻醉　一般不需要麻醉，必要时可用棉签蘸1%丁卡因放置颈管内3~5min。

6. 探测宫腔　术者先以宫颈钳钳夹前唇后用左手向外牵拉，右手用子宫探针探测子宫深度并用指尖在探针上做标记（图20-1）。一般孕6~8周，宫腔深度为8~10cm；孕9~10周，宫腔深度为10~12cm。

7. 扩张宫颈　以执笔式持宫颈扩张器顺子宫位置方向扩张宫颈（图20-2），一般自4号半开始按序号扩张至大于所选用的吸管号半号或一号。

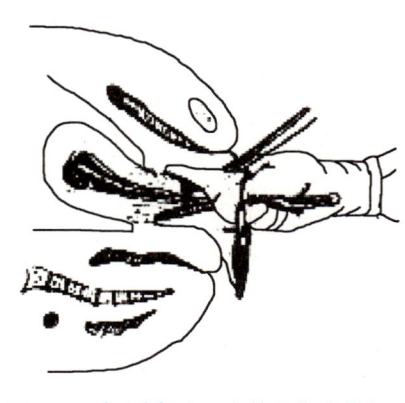

图20-1　探测宫腔深度并用指尖做标记

8. 吸管吸引 先连接好吸管，进入负压吸引试验无误，按孕周选择吸管粗细及负压大小，小于 7 周用 5~6 号吸管，负压为 400mmHg；7~9 周用 6~7 号吸管，负压为 400~500mmHg；9~10 周 7~8 号吸管，负压为 500~550mmHg，负压不应超过 600mmHg。吸管送入宫底部再退出 1cm，将吸管侧孔朝向宫腔前或后壁，寻找胚胎，胎盘附着部位有触海绵样感觉，继而感到有组织被吸进管内，一般按顺时针或逆时针方向上下移动吸引宫腔 1~2 周，即可将妊娠物吸引干净（图 20-3）。防子宫穿孔（图 20-4）。

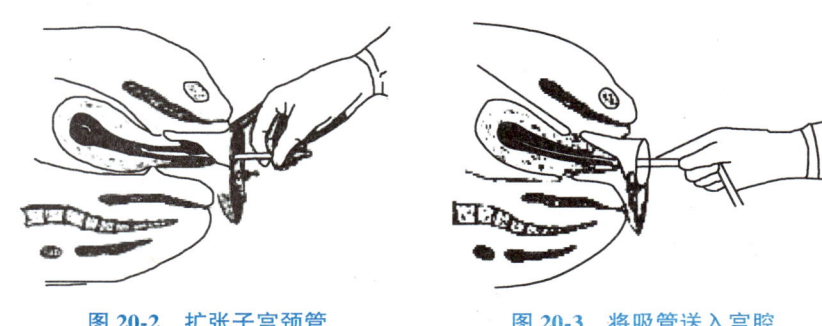

图 20-2　扩张子宫颈管　　　　图 20-3　将吸管送入宫腔

9. 吸净的标志　①吸管头紧贴宫腔壁有紧涩感。②宫腔缩小 1.5~2.0cm。③宫颈口有血性泡沫出现。如果怀疑仍有绒毛、蜕膜未吸净者，可用小刮匙搔刮宫腔，将小刮匙轻轻送入宫底部，自左侧宫角开始逆时针方向环刮 1~2 周即可。再测量宫腔深度。

10. 取下宫颈钳和窥器。

11. 检查吸出物　注意有无绒毛及胚胎等，如未见绒毛或刮出物太少应行 B 超复核，再次排除异位妊娠并将全部吸出物送病理检查以明确诊断。

12. 填写手术记录及术后医嘱。用物分类预处理。

【护理配合】

1. 术前护理　①自我介绍，核对、确认受术者及手术名称；②评估受术者是否做尿妊娠试验及阴道分泌物检查，确认是否受孕、妊娠周数、诊断（做妇科检查 B 超检查确定胎囊大小、位置、及时发现异位妊娠和子宫畸形，测体温、血压、脉搏、精神状态、合作程度等情况，必要时做血尿常规、输血前检查、肝肾功能检查）；③如体温超过 37.5℃暂缓手术；④了解受术者是否知情并是否签署同意书；⑤向受术者解释吸宫术的方法、注意事项及配合要点；⑥嘱术前排空膀胱。

2. 术中护理　嘱受术者取膀胱截石位，为其穿上单腿裤并保暖。检查手术包的有效灭菌日期，并逐层铺开放置合理。按医嘱钳取碘伏棉球数个，放于弯盘和药杯内。站立于受术者右侧，嘱患者慢慢深呼吸，以分散受术者注意力，减缓其焦虑的情绪。在手术过程中密切观察受术者神态、脸色及主诉症状，必要时测脉搏、血压及时给予吸氧，注意有无人流综合征表现，并及时通知手术医生，并遵医嘱协助医生手术。

3. 术后护理　扶受术者起床到观察室休息半小时，观察并给予安慰。

【评价】

1. 受术者要求得到满足。
2. 手术操作规范。手术经过顺利。无手术并发症。

【健康教育】

1. 做好术前咨询，排除手术禁忌证，消除患者的顾虑，做好心理护理，取得患者配合，受术者知情并签署同意书。

2. 术后在观察室卧床休息半小时，无异常时方可离去。酌情给予子宫收缩药及抗生素。

3. 告知手术后注意事项。
（1）休息2周，避免体力劳动。
（2）术后1个月内禁止性生活。
（3）两周内或阴道出血未净前禁止盆浴，保持外阴清洁。
（4）术后有阴道多量出血、发热、腹痛及时就诊。
（5）阴道出血持续2周以上随诊。
（6）做好计划生育宣教，指导避孕方法，嘱术后1个月随诊。

【注意事项】

1. 术前必须仔细查清子宫位置、大小、明确诊断。

2. 每进入宫腔的器械，不可触碰阴道壁，以防宫腔感染。

3. 吸管经过宫颈管时术者左手折叠橡皮管，以防带负压进出宫腔引起迷走神经兴奋而发生人流综合征及宫颈内膜损伤发生粘连。

4. 确定吸引器是负压无误，每次吸引时间不超过 90 秒，如绒毛已吸出，残留蜕膜可换用小号吸管减半的负压吸引。

5. 操作认真，动作轻柔。做好术前、术中、术后的护理，密切观察手术过程中患者的神态、脸色及主诉症状，注意与患者沟通，体现出关心患者的态度。

6. 注意检查吸出物有无绒毛及胚胎等，送病理检查。

附：计划生育手术器械（图 20-4）和人工流产电动吸引器（图 20-5）

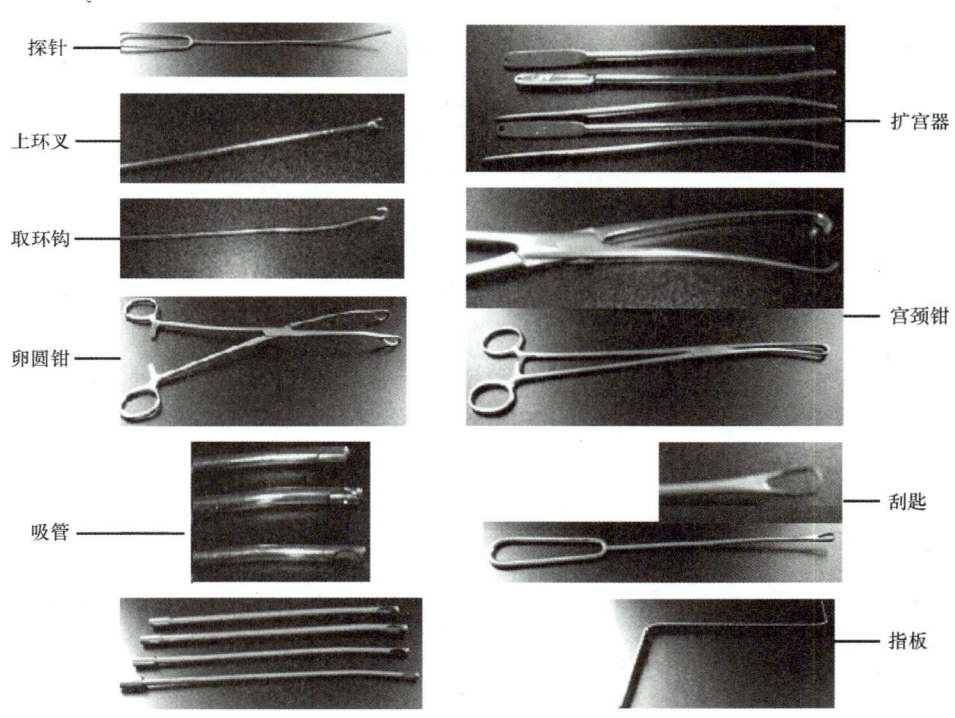

图 20-4　计划生育手术器械

图 20-5　人工流产电动吸引器

实训二十一 妇科常用诊疗技能

一、宫颈刮片

宫颈刮片细胞学检查是发现早期宫颈癌的重要方法,适用于门诊常规检查或防癌普查。

【目的】

1. 掌握宫颈刮片的适应证、禁忌证。
2. 掌握宫颈刮片的方法及其护理配合。
3. 熟悉宫颈刮片后的注意事项。

【内容】

学习用模型和窥阴器进行宫颈刮片的操作流程及护理配合。

【适应证】

1. 有性生活史的妇女进行妇科普查。
2. 月经干净后 3~7 天。

【禁忌证】

1. 月经期。
2. 异常阴道出血。
3. 72 小时内有性生活或妇科检查。

【评估】

1. 评估患者的适应证和是否存在禁忌证。
2. 评估患者的身心状态及合作程度。

【操作准备】

1. 护士准备　着装整洁，戴口罩、帽子，洗手。
2. 用物准备　无菌手套、消毒阴道窥器、长镊、宫颈刮板、玻片、棉拭子、消毒液、生理盐水、石蜡油或肥皂水、臀垫等。
3. 环境准备　拉上窗帘或用屏风遮挡，减少操作时暴露。
4. 检查前准备

(1) 核对、确认受术者；嘱术前排空膀胱。将用物铺开放置合理。将标本瓶贴好患者姓名及标本号标签。

(2) 向患者解释宫颈刮片的目的、方法、注意事项及配合要点。

(3) 嘱患者取膀胱截石位，为其穿上单腿裤并保暖。站立于患者右侧，做术前咨询及心理护理。

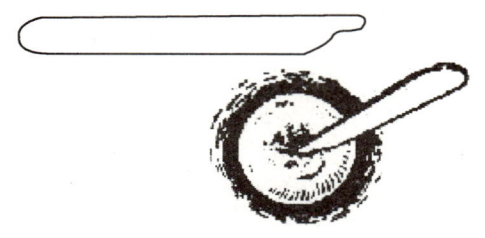

图 21-1　宫颈刮片

【实施】

1. 宫颈刮片　患者取膀胱截石位，用阴道窥器扩张阴道，于宫颈外口鳞柱状上皮交接处，以宫颈外口为圆心，将木质小刮板轻轻刮取一周（图 21-1），动作轻柔，以免出血影响检查结果。刮下的细胞薄而均匀涂于玻片，然后置于 95% 乙醇中固定 15~30 分钟取出，玻片做好标记，标明姓名和取材的部位，送病理检查。

2. 液基薄层细胞学检查（TCT）

患者取膀胱截石位，用阴道窥器扩张阴道，用子宫颈刷 360° 刷宫颈管一周（图 21-2），将宫颈脱落细胞洗入有细胞保存液的小瓶中，刮片毛刷在小瓶内搅拌 10 秒，再通过高精密度过滤膜过滤后，将标本中的杂质分离，取滤后的上皮细胞制成直径为 20mm 薄层细胞于载玻片上，95% 酒精固定，经巴氏染色、封片，由细胞

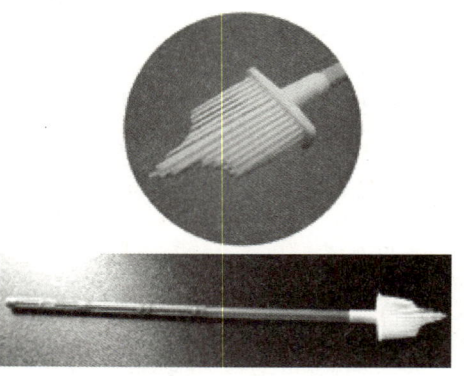

图 21-2　宫颈 TCT 检查

学专家用肉眼在显微镜下阅片，按 TBS 法作出诊断报告。

【评价】

1. 患者要求得到满足。
2. 手术操作规范，标本获取满意。

【健康教育】

告之患者配合手术，在操作过程中如有不适，应及时告诉医护人员。

【注意事项】

1. 宫颈刮片应在行妇科检查前进行，在刮取宫颈标本时应避免损伤组织引起出血而影响检查结果。

2. 若白带过多，应先用无菌干棉球轻轻擦拭黏液，再刮取标本，然后均匀涂片于玻片上。

附：

1. 宫颈刮片细胞学检查，宫颈细胞巴氏分类法

巴氏Ⅰ级：正常。为正常阴道细胞涂片。

巴氏Ⅱ级：炎症。细胞核普遍增大，淡染或有双核，也可见核周晕或胞浆内空泡。一般属良性改变或炎症。

巴氏Ⅲ级：可疑癌。主要是核异质，表现为核大深染，核形不规则或双核。对不典型细胞，性质尚难肯定。

巴氏Ⅳ级：高度可疑癌。细胞有恶性特征，但在涂片中恶性细胞较少。

巴氏Ⅴ级：癌。具有典型的多量癌细胞。

2. TBS 分类法及描述性诊断

TBS 描述性诊断的细胞病理学诊断报告中包括：为临床医师提供有关标本（涂片）质量的信息、病变的描述、细胞病理学诊断及其处理的建议。TBS 描述性诊断的主要内容如下。

（1）感染：有无真菌、细菌、原虫、病毒等感染。可诊断滴虫、外阴阴道假丝酵母菌阴道病，细菌性阴道病，衣原体感染，单纯疱疹病毒或巨细胞病毒感染，以及人乳头瘤病毒（HPV）感染等。

（2）反应性和修复性改变：如炎症（包括萎缩性阴道炎）、损伤（活组织检查、激光、冷冻、电灼治疗）或宫内节育器引起的上皮细胞反应性改变，激素治疗以及放射治疗后的反应性改变。

（3）鳞状上皮细胞异常：包括不典型鳞状上皮细胞（ASCUS），性质待定；低度鳞状上皮内病变（LSIL）包括鳞状上皮轻度不典型增生、宫颈上皮内瘤样病变Ⅰ级；高度鳞状上皮内瘤样病变（HSIL）包括鳞状上皮中度和重度不典型增生及原位癌、宫颈上皮内瘤样病变Ⅱ级和Ⅲ级；鳞状上皮细胞癌。

（4）腺上皮细胞异常：不典型腺上皮细胞（AGUS），包括宫颈管细胞和宫内膜细胞，性质待定；腺原位癌，腺癌可能来源宫颈、子宫内膜或子宫外。

（5）其他恶性肿瘤。

3. TCT 报告单

某医院

膜式薄层细胞检测（TCT）报告单

送检医院：本院	住院号：	姓名：××	年龄：27岁
绝经：	末次月经日期：		
取样日期：	取样医师：××	科 室：	
临床诊断：慢性宫颈炎		电 话：	

标本满意度：满意

细胞量：>40%

颈管细胞：有

化生细胞：无

微生物项目：滴虫感染提示：无

霉菌感染提示：无

疱疹病毒感染：无

HPV 感染提示：无

炎细胞：轻度

诊断结果：低级别鳞状上皮内病变（LSIL）

诊断细分：（轻度炎症）

补充意见：建议活检。

诊断医师：×× 　　报告日期：

二、宫颈活组织检查

宫颈活组织检查是确诊宫颈癌前病变或浸润癌的重要诊断方法。

【目的】

1. 掌握宫颈活组织检查的适应证、禁忌证。
2. 掌握宫颈活组织检查的方法及其护理配合。
3. 熟悉宫颈活组织检查后的注意事项。

【内容】

学习用模型和窥阴器、宫颈活检钳进行宫颈活组织检查的操作流程及护理配合。

【适应证】

1. 宫颈脱落细胞学涂片巴氏Ⅲ级或Ⅲ级以上；宫颈脱落细胞学涂片巴氏Ⅱ级经抗感染治疗后仍为Ⅱ级；TBS 分类鳞状上皮细胞异常者。
2. 阴道镜检查时反复可疑阳性或阳性者。
3. 疑有宫颈癌或慢性特异性炎症，需进一步明确诊断者。

【禁忌证】

1. 生殖器官的各种急性炎症。
2. 严重的全身性疾病。

【评估】

1. 评估患者生命体征。常规行妇科检查及阴道分泌物检查。
2. 评估患者的适应证。
3. 患者知情并签署同意书。
4. 评估患者的身心状态及合作程度。

【操作准备】

1. 护士准备　着装整洁，戴口罩、帽子、洗手。
2. 用物准备　妇女计划生育人体模型、宫颈活组织手术包、已消毒备用的宫颈活检钳（图21-3）、消毒巾若干、消毒弯盘、0.5%碘伏溶液、无菌镊、无菌带尾棉球若干、无菌纱布若干、橡胶垫单1块、一次性会阴垫1块、消毒手套1副、装有10%甲醛溶液的标签瓶若干个等。
3. 环境准备　拉上窗帘或用屏风遮挡，减少操作时暴露。
4. 手术前准备

（1）核对、确认受术者；了解患者是否知情并是否签署同意书；检查各项常全，包括阴道分泌物检查报告；测体温、血压、脉搏。如体温超过37.5℃暂不行手术；术前排空膀胱。检查手术包及宫颈活检钳的有效灭菌日期，并逐层铺开放置合理。钳取碘伏棉球数个，放于弯盘和药杯内，根据标本数量将标本瓶贴好患者姓名及标本号标签。

（2）向患者解释颈活检术的目的、方法、注意事项及配合要点。

（3）嘱患者取膀胱截石位，为其穿上单腿裤并保暖。站立于患者右侧，做术前咨询及心理护理。

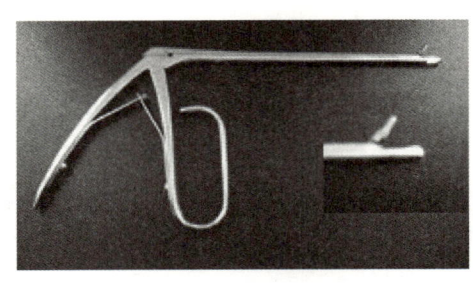

图21-3　宫颈活检钳

【实施】

1. 患者取膀胱截石位，阴道窥阴器暴露宫颈，用干棉球拭净宫颈表面分泌物，局部消毒后，用活检钳在肉眼可疑癌变区，尽可能在鳞柱状上皮交界处取材，一般宜作多点活检，即在3、6、9、12点处取材（图21-4）。为了提高诊断阳性率，可在碘试验不着色区域或阴道镜检异常区多点活检。疑有宫颈管癌时，应同时作颈管搔刮术，刮出物固定后送病检。

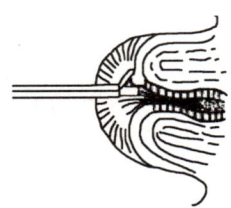

图21-4　宫颈活检术

2. 宫颈局部填带尾棉球压迫止血，嘱患者 24 小时后自行取出。

【评价】

患者无不适。手术操作规范，标本获取满意。

【健康教育】

告之患者配合手术，在操作过程中如有不适，应及时告诉医护人员。

【注意事项】

1. 患者术后 2 周内禁性生活及盆浴，以防感染。
2. 及时跟进病理学检查结果，以便作进一步治疗。

三、诊断性刮宫术

诊断性刮宫术是确诊子宫内膜癌首选的方法。刮取子宫内膜送病理检查以明确诊断。当同时疑有宫颈管病变时，需对宫颈管及宫腔分步进行刮宫，称分段刮宫术。

【目的】

1. 掌握诊断性刮宫术的适应证、禁忌证。
2. 掌握诊断性刮宫术的方法及其护理配合。
3. 熟悉诊断性刮宫术后的注意事项。

【内容】

学习用模型和窥阴器、刮匙进行宫颈活组织检查的操作流程及护理配合。

【适应证】

1. 子宫异常出血或阴道排液需证实或排除子宫内膜癌前病变、子宫内膜癌、宫颈癌或其他病变如流产、子宫内膜结核、息肉等。
2. 功能失调性子宫出血或闭经除了解子宫内膜的变化及对性激素的反应外，刮宫还可起到止血的作用。

3. 不孕症了解有无排卵或子宫内膜病变。

【禁忌证】

1. 生殖器官急性炎症期，如急性外阴炎、阴道炎、宫颈炎、急性子宫内膜炎、急性盆腔炎等。
2. 严重的心、脑、肾等主要器官疾病、血液病等患者，不能耐受手术者。

【评估】

1. 评估患者生命体征。常规行妇科检查及阴道分泌物检查。
2. 评估患者的适应证。
3. 患者知情并签署同意书。
4. 评估患者的身心状态及合作程度。

【操作准备】

1. 护士准备　着装整洁，戴口罩、帽子，洗手。
2. 用物准备　妇女计划生育人体模型、人工流产包1个、消毒巾若干、消毒弯盘、0.5%碘伏溶液、无菌镊、无菌纱布若干、橡胶垫单1块、一次性会阴垫1块、消毒手套2副、装有10%甲醛溶液的标签瓶1~2个等。
3. 环境准备　拉上窗帘或用屏风遮挡，减少操作时暴露。
4. 手术前准备

（1）核对、确认受术者；了解患者是否知情并是否签署同意书；检查各项常全，包括阴道分泌物检查报告；测体温、血压、脉搏。如体温超过37.5℃暂不行手术；术前排空膀胱。检查手术包有效灭菌日期，并逐层铺开放置合理。钳取碘伏棉球数个，放于弯盘和药杯内，根据标本数量将标本瓶贴好患者姓名及标本号标签。

（2）向患者解释诊断性刮宫术的目的、方法、注意事项及配合要点。

（3）嘱患者取膀胱截石位，为其穿上单腿裤并保暖。站立于患者右侧，做术前咨询及心理护理。

【实施】

1. 患者取膀胱截石位，常规消毒外阴、阴道，铺消毒巾及洞巾，做双合诊，了解子宫大小、位置及旁组织情况。

2. 换手套后，用阴道窥器暴露宫颈，再次消毒宫颈与宫颈管。钳夹宫颈前唇或后唇。先不用子宫探针探测子宫，于阴道后穹隆处置无菌纱布一块，用小刮匙自宫颈内口至外口顺序刮一周，取下纱布上的全部宫颈管组织送病理检查。

3. 用子宫探针探测子宫方向、宫腔的深度，若宫颈内口过紧，可用宫颈扩张器扩张至小刮匙能进入为止。再取另一块纱布，以收集刮出的内膜碎块。用刮匙由上而下刮取宫腔内组织（避免来回刮），特别注意刮宫底及两侧宫角处。取下纱布上的全部组织送病理检查。

4. 若刮出物肉眼观察高度怀疑为癌组织时，不应继续刮宫，以防出血及癌扩散。若肉眼观察未见明显癌组织时，应全面刮宫，以防漏诊。

5. 刮出宫颈管及宫腔组织分别装入 2 个标本瓶，10%甲醛溶液固定，贴好标签，注明患者姓名、组织物送病理检查。

【评价】

手术操作规范，术中严格无菌操作，标本获取满意。

【健康教育】

告之受术者配合手术，在操作过程中如有不适，应及时告诉医护人员。刮宫术后 2 周内禁性生活及盆浴，以防感染。

【注意事项】

1. 不孕症或功能失调性子宫出血患者，应选在月经前或月经来潮 6 小时内刮宫，以判断有无排卵或黄体功能不全。

2. 出血、子宫穿孔、感染是刮宫的主要并发症。有些疾病可能导致刮宫时大出血，应术前输液、配血并做好开腹准备。哺乳期、绝经后及子宫患有恶性肿瘤者，均应查清子宫位置并仔细操作，以防子宫穿孔。长期有阴道出血者，宫腔内常有感染，刮宫能促使感染扩散，术前术后应给予抗生素。

3. 疑为子宫内膜结核者，刮宫时要特别注意刮子宫两角部，因该部位阳性率较高。

4. 术者在操作时唯恐不彻底，反复刮宫，易伤及子宫内膜基底层，造成子宫内膜炎或宫腔粘连，导致闭经，应注意避免。

四、阴道后穹隆穿刺术

阴道后穹隆穿刺术常用于异位妊娠和盆腔积液的辅助诊断。用以了解子宫直肠陷凹积液的性质。

【目的】

1. 掌握阴道后穹隆穿刺术的适应证、禁忌证。
2. 掌握阴道后穹隆穿刺术的方法及其护理配合。

【内容】

学习用模型和窥阴器、注射器等进行阴道后穹隆穿刺术的操作流程及护理配合。

【适应证】

1. 疑有腹腔内出血患者如异位妊娠、卵巢黄体破裂等。
2. 疑有盆腔内积液，亦可用于辨明直肠子宫陷凹积液性质，或抽取积液，注入抗生素达到治疗目的。
3. 其他在 B 超引导下行后穹隆穿刺取卵或对某些疾病采取局部注药治疗。

【禁忌证】

1. 异位妊娠准备行非手术治疗时，应尽量避免穿刺，以免引起感染，影响疗效。
2. 疑有肠管与子宫后壁粘连者。
3. 高度怀疑恶性肿瘤者。

【评估】

1. 评估患者生命体征。常规行妇科检查及阴道分泌物检查。
2. 评估患者的适应证。

3. 患者知情并签署同意书。
4. 评估患者的身心状态及合作程度。

【操作准备】

1. 护士准备　着装整洁，戴口罩、帽子，洗手。
2. 用物准备　妇女计划生育人体模型、人工流产包1个、消毒巾若干、消毒弯盘、0.5%碘伏溶液、无齿长镊、无菌纱布若干、一次性会阴垫1块、消毒手套1副、5ml或10ml注射器各1副、18号腰椎穿刺针头、干净玻璃试管1支。
3. 环境准备　拉上窗帘或用屏风遮挡，减少操作时暴露。
4. 手术前准备

（1）核对、确认受术者；了解患者是否知情并是否签署同意书；术前排空膀胱。检查手术包有效灭菌日期，并逐层铺开放置合理。钳取碘伏棉球数个，放于弯盘和药杯内。

（2）向患者解释阴道后穹隆穿刺术的目的、方法、注意事项及配合要点。

（3）嘱患者取膀胱截石位，为其穿上单腿裤并保暖。站立于患者右侧，做术前咨询及心理护理。

【实施】

1. 患者取膀胱截石位，常规消毒外阴、阴道，铺无菌巾。双合诊了解子宫位置、大小及双附件情况，注意后穹隆是否膨隆。

2. 用阴道窥器暴露宫颈及阴道穹隆部。以宫颈钳夹住宫颈后唇向上方提拉，暴露后穹隆，并用0.5%碘伏棉球消毒。用5ml或10ml空针接18号穿刺针头，刺入后穹隆中点约2~3cm深，有落空感时即可抽吸（图21-5），必要时改变方向和深度，如无液体抽出，可边退针边抽吸。拔出针头后，穿刺点若有活动性出血，

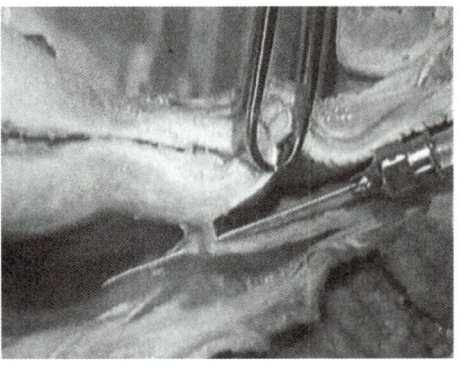

图21-5　阴道后穹隆穿刺术

用棉球压迫片刻。血止后取出阴道窥器。

【评价】

手术操作规范，标本获取满意。

【健康教育】

1. 告之患者配合手术，在操作过程中如有不适，应及时告诉医护人员。

2. 如果抽出不凝固的血液，考虑内出血可能，可能需立即手术；如果抽出粉色液体则考虑感染，需送病理学检查。